一步万里阔

高龄海啸

日本养老观察

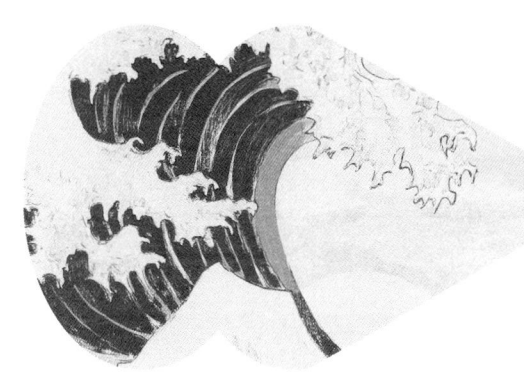

[日] 川口彰俊 凌云 —— 著

中国工人出版社

图书在版编目（CIP）数据

高龄海啸：日本养老观察/（日）川口彰俊著；凌云著. -- 北京：中国工人出版社，2024.12. -- ISBN 978-7-5008-8318-0

Ⅰ.D731.386

中国国家版本馆CIP数据核字第202497Q612号

著作权合同登记号：图字01-2024-6385

高龄海啸：日本养老观察

出 版 人	董 宽
责 任 编 辑	邢 璐
责 任 校 对	张 彦
责 任 印 制	黄 丽
出 版 发 行	中国工人出版社
地 址	北京市东城区鼓楼外大街45号　邮编：100120
网 址	http://www.wp-china.com
电 话	（010）62005043（总编室）
	（010）62005039（印制管理中心）
	（010）62001780（万川文化出版中心）
发 行 热 线	（010）82029051　62383056
经 销	各地书店
印 刷	北京盛通印刷股份有限公司
开 本	880毫米×1230毫米　1/32
印 张	9
字 数	200千字
版 次	2025年2月第1版　2025年2月第1次印刷
定 价	52.00元

本书如有破损、缺页、装订错误，请与本社印制管理中心联系更换
版权所有　侵权必究

目 录
CONTENTS

推荐序 001
前言 高龄海啸来袭 004
术语说明 011

第一部分 介护体系的历史与现实 001

日本福祉制度历史一瞥 003
日本福祉与社会福祉法人 017
介护保险制度概要 025
介护的资格和职称 045
介护保险的服务类型 062
日本介护体系面临的挑战 129

第二部分 介护实践的前沿探索 145

介护经营 147

安全介护与介护的典范转移　　154
腰痛预防项目　　172
认知症应对项目　　198
外国护工　　216

结语　日本养老前瞻　　232
后　记　　247
链　接　　250

推荐序

川口彰俊和凌云夫妇是中国人民大学校友，我两年前在访问东京期间与校友见面时第一次见到他们。因为我从事老龄研究，很自然地就和川口聊起了日本的养老服务以及可以借鉴的经验。他当时给我看了几篇他写的自媒体文章，介绍日本的养老制度与服务实践，特别是他做过 10 年养老院院长，有许多他自己的实践与思考，我觉得很有价值，当时就鼓励他在中国结集出版，让更多的读者可以看到，并从中能够引发思考，从日本的养老服务中得到借鉴。现在，很高兴看到他们的书稿能够在北京出版，内容也更加丰富和体系化，因此，欣然为此书作序。

这本书有几个突出的特点和创新，首先是将日本的养老服务制度、政策与实践作了系统、全面的介绍。其次是川口担任养老院院长 10 年的亲身经历与感悟。最后是对智慧养老在日本的实践经验的反思。

从 20 世纪 90 年代开始，我已经到日本考察养老服务十多次，去过不同性质的养老服务机构，也与日本政府部门和研究机构的专家开展过许多次研讨。当然，介绍日本介护保险制度和养老服务制度的书籍有许多已经引进到中国，为我们了解日本相关情况提供了很大帮助。但是，从国家政府层面的政策到社区和养老机构是如何贯通执行的？在推进改革和平衡各种利益的过程中又是如何操作的？解决了什么问题，产生了什么新的问题？这本书从不同的视角做了全面的介绍。虽然不一定像学术专著那样理论化，但是政策制定者和养老服务提供者都能够从中一目了然地了解历史沿革和最新的实践情况，从而深化对日本养老服务定位、目标与运行机制的认识。

老龄政策与养老服务的研究者通常都没有在养老机构的工作经验，川口作为年轻的养老院院长在日本10年的亲身经历与感悟也很有说服力。"年轻"和"10年"在他身上的表现也产生了一般的日本养老院院长可能没有遇到过的问题。"年轻"自然会带来新观念和对使用新兴技术的愿望，就会有试图将欧美的一些新理念应用到养老服务中的闯劲儿。然而，在实践中，可以看到这些都会遇到来自政策制度、管理层与员工等各方面的阻力。"10年"经历也成就了川口，他在减轻员工腰部损伤方面的创新性努力和成效，让我们看到了对养老服务人员工作环境的改善不但重要，而且需要配合切实的知识普及与保护性支持措施。养老服务人员虽然都面临待遇低、工作强度大等共性问题，但在友好的工作环境创造方面是可以主动作为的。

在智慧养老技术日新月异的今天，许多人都将提高养老服务效益的希望寄托在养老服务机器人等先进设备的研发与应用上。而在养老服务机器人开发处于国际先进水平的日本，从书中也可以看到智慧养老技术在养老服务应用中面临许多新挑战，从产品研发到实际服务应用，还有成本控制、管理理念、价值认同与人机适应等环节，都需要细化推进，机器人的应用还远没有实现明显替代人工服务的效果。所以，技术创新还需要结合合理的使用过程，不断探索完善。

中国正处于人口老龄化快速发展阶段，推动实现全体老年人享有基本养老服务成为我国养老服务发展的目标，即将建立的长期护理保险制度也将在养老服务中发挥重要作用。在养老服务发展过程中，借鉴人口老龄化更早的日本的做法与经验有着重要的参考意义。期待川口彰俊和凌云夫妇的新书能够促进中日两国在养老服务经验方面的交流，也在后续过程中不断与时俱进，跟踪日本政策与实践的发展，成为中国读者了解日本养老服务的重要读物。

杜鹏

中国人民大学人口与健康学院院长、老年学研究所所长

中国老年学和老年医学学会副会长

2024 年 12 月 1 日

前言　　高龄海啸来袭

我住在日本富山县的一个小城市，高龄化程度很严重。按照所在地市政府的资料，2022 年，高龄化率已达 31.3%，进入了超超高龄社会。

这里的公共交通不发达，出行基本靠开车。虽然社区里的超市提供接送老顾客的巴士服务，市政府也运营着几辆"社区巴士"，可是路线有限、班次少，不能覆盖全市。这些举措杯水车薪，根本不足以解决交通问题，所以很多八九十岁的老人也不得不开车出行。他们技术差、反应迟钝，在路中间缓慢移动或越过中线的现象很常见。我就遇到过这样的情况：前车在十字路口中间突然停下来、没确认后面的安全就开始倒车，快要撞到我的车了，我急忙按了喇叭（在日本，只有遇到危险时才允许按喇叭）才停住了。我看向司机，不出意外，果然是位满头银发的老人。她没有表示歉意，好像什么都没有发生似的开走了。我也感到很无奈。

我也偶尔在便利店的停车场看到一辆车占两个车位的情况，那样的车上往往贴着高龄司机的标识，车身老旧，布满伤痕和凹陷，可以想象这位老人车主发生过多少次碰撞。我在心酸的同时也很担心，在高龄司机多的地方，大家的安全都很难得到保证。事实上，在新闻里，高龄司机撞死人的事件时有发生。每当这时候，一个国家因生产劳动人口负增长导致走向没落的不安便在我的脑海里翻滚浮现。

实际上，日本早在三四十年前就意识到了少子化问题的到来，但政府没有对策，一直拖延，终于导致社会各方面陷入螺旋下降、难以挽救的状态。日本内阁府的资料显示，由于少子老龄化，日本的劳动年龄人口（15—64岁）在1995年到了顶峰后开始减少，估计到2050年将减少到5275万人（比2021年减少29.2%）。劳动年龄人口的减少将加重劳动力不足、国内需求减少、经济规模缩小等社会与经济问题。

下图展示了15—64岁的劳动人口支撑65岁以上老人的比率。开始进入老龄化时代的1970年，每9.8个劳动者支撑1个老人；介护保险制度施行的2000年，每3.9个劳动者支撑1个老人；2020年，每2.1个劳动者支撑1个老人；2025年，每1.9个劳动者支撑1个老人；2045年，每1.4个劳动者支撑1个老人。长此以往，我们还扛得起吗？

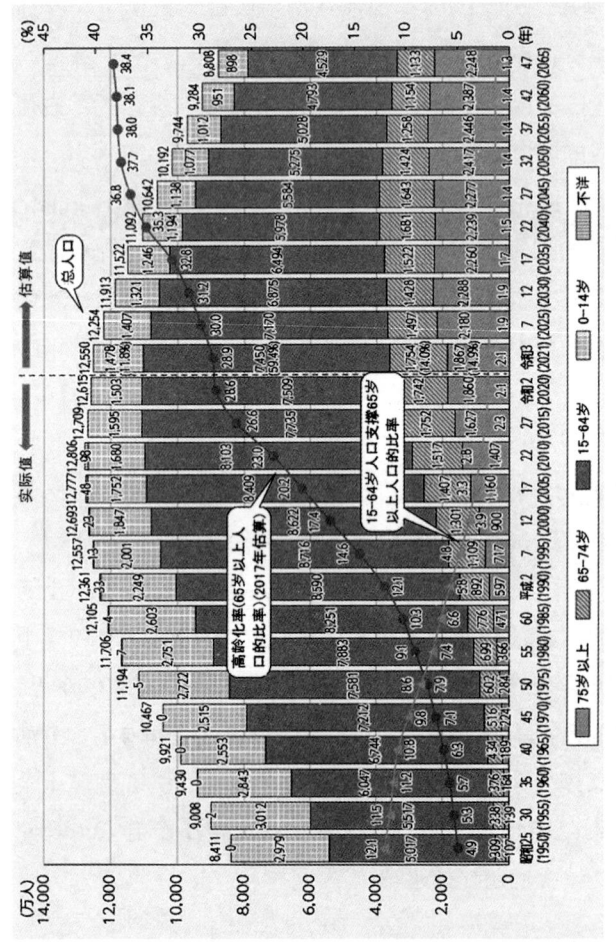

日本不同年龄人口占总人口比率，出自内阁府《令和4年版高龄社会白皮书》

006　高龄海啸：日本养老观察

2000年，日本的国家预算是89兆7702亿日元，社会保障费是19兆5930亿日元（占总预算的21.8%）。2020年，国家原本的预算是102兆6580亿日元，社会保障费是35兆8608亿日元（占总预算的34.9%）。因为新冠疫情的发生，政府三次调整了预算，决算额是175兆6878亿日元，社会保障费是42兆9979亿日元（占总预算的24.5%）。20年间，社会保障费剧增。

在超高龄化和劳动人口减少的情况下，确保护工人数也是迫在眉睫的问题。厚生劳动省估算，2023年护工缺口为22万人，2040年，缺口达69万人。

"银发经济"方兴未艾

日本总务省公布，2022年高龄者家庭的平均储蓄额是2414万日元，中位线是1677万日元，超过2500万日元的占34.2%，低于300万日元的占14.4%。因此各行业瞄准高龄者的金融资产，"银发经济"兴起：旅游业、餐饮业提供银发优惠套餐，到处都有"终身学习文化中心（老年大学）"，这些都是针对健康老人的。也有保险、股份、不动产等金融理财方面的服务。

内阁府公布，2022年65—69岁人群的就业率是52.0%，70—74岁为33.9%，75岁及以上为11.0%，高龄者就业比率出现上升趋势。在小红书上就经常看到去日本旅游的人，对 70 多岁的老人还在开出租车表示惊叹。国土交通省规定出租车司机的年龄上限是 75 岁，但 2023 年，国土交通省决定把人口稀少地区的司机年龄上限提高到 80 岁。

犯罪分子也瞄准高龄者的金融资产，使用各种诈骗手段骗取高龄者的金钱。也有违背道德在合法和犯罪的分界线上高价卖东西的灰色商家。还有文化方面的、运动方面的爱好者俱乐部，都是爱好者自己组织的。

可是，最大的养老产业还是医疗和养老护理（在日本称为"介护"）。因为健康高龄者的旅游依然属于旅游业的范畴，理财属于金融业，终身学习属于教育业，医疗就是医疗，一般不被视为养老业。因此对很多日本人来说，养老相当于介护。

1990 年代，日本的介护行业迎来黄金期，开始大规模地规划、修建养老院。2000 年，国家开始施行介护保险制度。之后，介护保险和围绕介护的产业迅速发展起来，形成了庞大的产业链，即各种各样的养老院、护工的培训和资格体系、健康食品和适老化食品及配送服务、尿布等日用品、适老化产品和福祉用具、智能产品等。除此之外，还出现了医养结合、康养结合，以及老幼结合、老残结合等共生社会的模式。

中日共同面对高龄化挑战

2024年,中国60岁以上的老年人口近3亿人。中国国务院办公厅发布《关于发展银发经济增进老年人福祉的意见》,这标志着中国银发经济发展的新阶段。我意识到,中国也像日本一样,面临着高龄化的挑战。

一般认为,日本的介护行业是非常先进的,很多中国朋友关注日本介护行业,网站上能看到的相关文章几乎都是正面的。实际上,日本从2000年开始推行介护保险制度,24年后的今天,整个日本社会已经发生了巨大变化。尤其是新冠疫情引起了整个日本社会的巨大转变,原来若隐若现的社会问题都浮出水面,也激发了新的矛盾。介护行业自然也不例外。

汹涌的暗流即将冲破平静的海面,高龄海啸将摧毁一切,还是将重建希望?在本书中,我将介绍日本养老介护的历史、介护保险制度、我作为养老院院长在介护现场亲眼看到的现状,以及各种介护问题与前瞻。

但是,日本的介护保险系统异常庞大繁复,光是政策措施目录便令人眼花缭乱(见文后表格)。而且多种政策之间互相关联,细节庞杂;很多中文汉字和日文汉字间的意思似是而非,一些介护术语没有翻译的先例。所以总结如此庞大的体系,对我来说是巨大的挑战,难免有不足和错漏之处。

我愿尽我所能介绍日本的养老介护行业,供中国的朋友们参考。愿中日两国都能顺利应对高龄海啸，老有所依，老有所养，桑榆虽晚，霞光满天。

厚生劳动省公布的介护政策信息目录（2024年4月1日）

·介护保险制度概要	·防止高龄者虐待
·地域综合介护系统	·市民监护关联信息
·介护服务信息的公开制度	·医疗和介护的一体化改革
·认知症措施	·福祉用具·住宅改造
·介护服务关联Q&A	·匿名介护信息等的提供
·介护保险设施等运营指导操作手册	·科学的介护信息系统（LIFE）
·老人保健健康增进等事业	·介护方面的生产性提高
·推动介护机器人的开发普及	·介护现场的IT使用促进
·介护职员·介护支援专门员	·介护现场的各种骚扰对策
·介护预防·日常生活支援综合事业	·保险者机能强化推进交付金以及介护保险者努力支援交付金（国家给地方政府的补贴）
·介护服务事业者的业务管理体系	·共生型服务
·介护预防	·介护支援的工作环境改善
·需介护认定	·介护信息库公开信息（公开介护关联的基础信息）
·介护报酬（服务费）	·康复
·指定电子签名等的引入·电子政务	·高龄者住宅
·介护保险财政	·其他
·全国健康福祉节（年轮匹克）	·术语说明

术语说明

日本介护保险制度的体系庞大繁杂，但这一体系是支撑日本养老业的底层逻辑，希望读者朋友在阅读时予以特别的重视。为了便于理解，我先简单地说明一下相关专门词汇。

介护

长期护理保险制度被叫作"介护保险制度"，"介护"指护理老人或残疾人。一般在介绍日本的养老护理制度时，为了使中国人容易理解，经常翻译成"看护"，可是在日本，介护和看护有明确的区别。前者是福利范围内的长期护理，已经成为一门独立而且完善的福利制度，后者是医疗，算是另外一种服务。在中国的一些试点实行的长期护理保险也因地制名——"长期护理保险""长期照护保险""基本照护保险"等，没有统一。日本的介护保险制度和上述制度不尽相同，所以为了区别开来，在本书中统一使用"介护"。医疗行为等还是使用"护理"。

介护保险

介护保险制度是一项社会保障制度，受日本厚生劳动省管辖。厚生劳动省简称厚劳省，它相当于中国的人力资源和社会保障部。所有住在日本的 40 岁以上的居民都必须加入介护保险，他们被称为"被保险者"，并向"保险者"缴纳介护保险费，他们所居住的市町村就是他们的保险者。65 岁以上的人，一旦变为失能或半失能状态，便可以向所住的市町村政府申请利用介护保险，被地方政府评估符合条件后，便可成为介护保险的"利用者"，入住养老机构的利用者又叫作"入住者"。

介护度

介护度是按照申请者的失能状态进行评估的。分为"要支援"1—2 级，"要介护"1—5 级，一共 7 个等级。"要支援 1"最轻，"要介护 5"最重。"要支援"是现在不需要介护，但需要一些生活支援的状态；"要介护"

是需要身体介护的状态。按照等级附加"支给限度额"，利用者可以在自己的介护度允许的范围内，利用介护服务。

介护服务类型

每个介护服务的类型是由国家决定的。利用者需要从居家养老、社区养老、机构养老三种类型中选择最适合自己的类型。利用居住型机构养老的人又被称为"入住者"。选择居家养老的利用者需要和"地域综合支援中心"或"介护支援事业所"签订合同，后者所属的"介护经理"为利用者策划"介护计划"，并与访问介护、日托、短期入住等介护事业所联系，安排介护服务。选择"特别养护养老院""小规模多机能型居宅介护""附带介护服务的高龄者住宅"等部分社区养老和机构养老的人，则直接和介护事业所签合同，由事业所内部的介护经理策划介护计划。

费用

事业所给利用者提供介护服务后，一部分介护服务费和伙食费、住宿费等直接由"被保险者"即利用者支付。利用者承担的介护费是由其收入决定的，大部分人需要承担服务费的10%，收入高的人也有要承担20%或30%的。"保险者"用介护保险支付其余的服务费。利用超过限额的服务需要被保险者支付100%的服务费。

在介护保险承担的费用中，50%由介护保险金池承担；50%由中央政府、县级政府、市级政府分别承担，其来源是税收。

单位

介护保险的服务费由官方规定，厚生劳动省的"介护给付单位数等服务号码表"上规定每种服务的"单位"数，1单位 = 10日元。开始利用介护保险时，利用者要负担服务费的10%，即单位等于自己要付的服务费。对提供服务的事业所来说，单位×10日元是该所要收取的服务费。

日本的地方行政区划

日本的一级行政区是"都、道、府、县"，包括东京都、北海道、大阪府、京都府和其他43个县，一共 47 个，统称"都道府县"。二级行政区是"市、町、村"和东京都下的"特别区"，统称"市町村"或"市区町村"。人口多的成为市，人口少的成为町或村，全国一共有 1718 个市町村和 23 个特别区（截至 2023 年 4 月）。日本的"县"和中国相反，比"市"大。

介护保险由市级政府运营，县级政府监督市级政府，并提供必要的支援。国家的责任是随着时代的变化，按照介护的理念制定方针，完善相关的法律，确保介护财政，监督县级、市级政府。

规模大、中的市可以成为特别市，即可以受"政令指定都市"或"中核市"的指定，接受县级政府转让的一些都道府县的事务权限，包括介护保险事务。

认知症

本来叫作"痴呆症"或"老年痴呆"，即失智症，后来有些人主张这些词包含歧视意义、否定患者的人格，所以改称"认知症"。

地域支援

随着高龄人口的增加，社会保障的费用也在增加。

到2025年,"二战"后婴儿潮时出生的人群成为75岁的"后期高龄者",需要介护的人数剧增。国家为了减少开支,要延长"健康寿命",注重"介护预防"。

具体措施是建立"地域综合支援体系",在每个初中学区设立"地域综合支援中心",结合医养及社区的各种资源,充分利用社区力量,免费或廉价地提供介护保险外的各种"介护预防活动"。

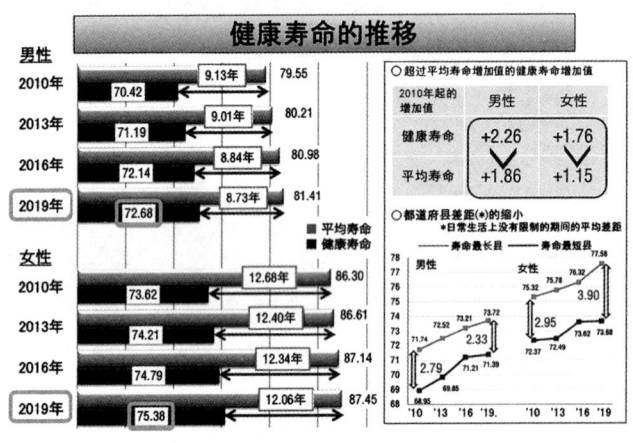

健康寿命的推移

另外,日本正面临着少子高龄化、劳动人口减少、国家财政连年赤字、严重缺乏护工等问题。于是政府推动开发介护机器人和介护IT化,旨在提高介护的生产性和效率,并积极引进外国护工。可是2020年初开始的新冠疫情暴露了日本社会的诸多问题,2022年初开始的俄乌冲突更是雪上加霜。整个日本社会亟待转变,可是政府也没能找出解决方案。在这样的情况下，每个介护事业所自己提高经营能力成为事关生存的大事情。

另外，关于本书部分名词翻译，也在这里作统一说明：

汉语"福利"的日语是"福祉"，本书中统一使用"福祉"。

汉语"设施"的日语是"施設"，"应对"的日语是"対応"等，是汉语词汇颠倒过来。关于养老机构的名称等固有名词，有些人翻译时经常用简体中文按照日语顺序表示，即"施設""対応"等，但是为了容易理解，本书中使用"设施""应对"等汉语词汇。

"养老院院长"的日语是"施設长"，护士是"看护师"，对于此类职称和资格，本书中使用汉语词汇"院长""护士"。

有些日语的固有名词包含假名，比如"老人ホーム"（老人 home）"グループホーム"（group home），本书翻译成"养老院""集体之家"等。

第一部分

介护体系的历史与现实

日本福祉制度历史一瞥

福祉制度的萌芽:《老人福祉法》诞生以前(—1963)

古代日本的福祉是社会成员之间相互支持的机制。古代日本社会中,家庭和地区社会扮演着重要角色,支持高龄者、弱势群体的责任在于家庭。佛教传入后(约6世纪),僧侣开始承担支持社会弱者的责任,确立了福祉的支持者身份。但需要注意的是,为政者也时时实行福祉措施,但基本上没有政策上的积极干预,所以福祉事业主要在家庭和地区社会层面进行。

7—8世纪的日本社会是庄园社会,居住方式以散居为主,还没有形成村落共同体。老百姓基本上都没有能力扶持社会弱者,社会弱者往往被遗弃。部分庄主有扶持自己庄园内部居民的福祉政策,但没有确切史料记载。据说日本历史上最早的福祉设施是7世纪初圣德太子向隋朝学习而在大阪四天王寺里设立的"四院",

即悲田院、敬田院、施药院、疗病院。其中,悲田院会收容孤儿、老人、贫民等社会弱者。最早的文献记载见于《扶桑略记》:奈良时代的光明皇后于723年在奈良兴福寺里设立悲田院和施药院,救济社会弱者。8世纪中叶,鉴真和尚也设立了悲田院,救济社会弱者。同样实行社会福祉、扶持社会弱者的还有行基、空也等僧人。这阶段的社会福祉主要是为政者以佛教的慈悲思想扶持社会弱者的慈善活动,或者是由僧侣一边传教一边实行的福祉,是佛教社会福祉,地区有限,福祉的对象也没有分化。

镰仓时代(1185？—1333)是日本社会结构的转变期,稻米的水田耕作需要大量能利用水利工程的人力,这一需求促使人们的居住方式由散居变为聚集居住,作为生产共同体兼生活共同体的"惣村"("惣"为"总"的异体字,日本的一种中世纪的村落形态)逐渐形成。共同体具有极强的凝聚力,生活上的问题都在惣村里解决,救济社会弱者的问题也不例外。同时,佛教社会福祉也被继承,镰仓时代的绘卷《一遍圣绘》里有贫穷者、麻风患者、残疾人追随一遍和尚的画面。镰仓时代还有睿尊、忍性等僧侣也实行佛教社会福祉。这样的福祉一直延续到江户时代前期。

镰仓时代后进入室町时代,其前期是南北朝时代,后期为战国时代,当时社会混乱,福祉衰退。经过织田信长和丰臣秀吉的安土桃山时代,1603年德川家康统一日本，社会趋向安定。第五代将军德川纲吉的时代，社会空前发展。皈依佛教的他从 1685 年起颁布了被称为"生类怜悯令"的一系列法令，禁止捕杀动物，连蚊子、苍蝇等害虫也禁杀。渔民可以捕鱼，但不可以卖活鱼，非渔民不可以钓鱼。为了保护流浪狗，幕府设立了叫作"御围"的收容设施，据说收容了 10 万只狗，需要 6000 个人为狗服务。德川纲吉也因此被叫作"犬公方"。杀动物的人或者被处死，或者被关入大牢，或者被驱逐、流放。据说还出现了一个被狗袭击的武士杀掉狗后剖腹的情况。这项法令虽被视为恶法，但它也有硬币的另一面，因为它也规定了禁止弃儿、弃老、弃病人，对保护社会弱者效力非凡。1709 年，德川纲吉临死时嘱咐持续此法，可是他死后此法马上被废除了，幸而保护社会弱者的部分法令继续推行。

到了近代，社会福祉的概念逐步形成。虽然寺庙和慈善团体开始提供福祉设施，但这些活动还相对有限。政府也初步推行福祉方面的有关法律。"二战"前，日本的社会福祉政策实行得不够充分，尤其是贫困人群和劳工的生活条件较为艰苦。与此同时，对于社会弱者的支持相对有限。

1874 年，明治政府实行《恤救规则》，这是近代日本第一部救济社会弱者的法律。有劳动能力的人和有家族亲戚的人不是救济对象，不能自助，也不能得到共同体支援的人才能得到救济。但此项法律的问题在于，因为唯有堕落到底才能被救助，它几乎成了一部鼓励民众堕落的慈善性质法律。到此为止，日本还没有诞生"福祉是权利"的意识。

明治时代，民间的基督教慈善家开始设立养老院。1895年，东京圣希尔达养老院建立，这是第一家使用"养老院"名称的设施。1899年，又诞生了神户友爱养老院。

1929年，因世界经济大萧条，日本经济也受到巨大影响，产生了大量的失业者及生活穷困者，为解决这一问题，《救护法》于当年颁布。可是因为财政问题，直到1932年，这部法案才得以实施。这部法律的救济对象包括老、幼、病、贫、残等，以自助为先，排除有劳动能力的人，是一部有限制的扶助主义法。福祉依然不是权利。

"二战"战败投降后，日本面对社会结构的大变革，实行新的宪法，开始民主化。为了解决大量的贫困者、战伤者、战争孤儿、战争寡妇等的生活问题，支持社会弱者福祉方面的法律逐步完善。随着日本经济的复苏和发展，社会面临着新问题——城市化、小家庭化和高龄化。过去的社会成员之间支持社会弱者的模式开始瓦解，养老的需求也日益增加，最后出现了"家庭奉仕员"制度，即现在的访问介护员制度的前身。

1945年日本投降时，大部分城市被夷为平地，房屋和生产设备尽数被毁。投入海外战场的353万名军人陆续回国，催生了1947—1949年的婴儿潮——这就是"团块世代"，他们成为日本经济发展的主要动力，也是高龄化社会的导火线。此外，300万名居留海外的民间人士也都回到了日本国内。长时间的战争使日本经济彻底毁灭，出现了严重的通货膨胀和大量失业者，老百姓彻底陷入了困境，饿死者亦不鲜见。

日本着手建立和完善其社会福祉体系，以应对战争带来的深远影响。1946年，《生活保护法》颁布，但是立法过程太过仓促，保护基准不明确等问题很多，没有发挥很大的作用。1947年，《日本国宪法》施行，以后的福祉政策都基于宪法第二十五条生存权的保障而制定。1947年，《儿童福祉法》的实施标志着对战争孤儿的救济工作的开始。1949年，《残疾人福祉法》出台，主要关注战伤者。

1950年，《（新）生活保护法》的实施，对1946年的旧版进行了全面修正，确立了国家对贫困国民保护的四个基本原则：国家责任、无差别平等、最低生活保障和保护的补足性。1951年，《社会福祉事业法》的制定，为社会福祉事业的基本事项提供了法律框架，确保公正且适当地实行福祉事业，为社会福祉体系的初步完善奠定了基础。

随着1955年日本进入高速经济成长期，高龄化问题逐渐显现，开始了独立的养老体系法治化进程。1958年制定了《国民健康保险法》，开启了"国民皆保险"体制，医疗保险的问题初步解决。1959年制定了《国民年金法》，为老年人提供了经济保障，缓解了高龄期收入减少的问题。这些法律的制定和施行使得老年人生活问题的解决方案逐步完善，可是还没有解决养老问题的法律，无法应对老人特有的精神上、身体上、社会上的各种问题。

为了解决这些问题，老年人自发地组织了老年人俱乐部，开展追求人生趣味和意义的各种活动。1962年，全国老年人俱乐部联合会成立，确定了"健康、友爱、侍奉"三大活动内容。健康活动是通过运动、娱乐活动等维持健康身体的介护预防性活动，友爱活动是支援居家老人之间的互助活动，侍奉活动是为创造安全、安心的社区而做的各种志愿活动。联合会的成立推动了《老人福祉法》的制定。

同年，"家庭奉仕员"制度成为"国库辅助事业"，这是一项家庭奉仕员上门提供养老服务的访问介护服务制度。之前也有地方政府个别实行的访问介护服务，如长野县的家庭养护妇制度、大阪市的临时家政妇制度等。因为当时还没有完善的养老院制度，以居家养老为主，地方政府的这些措施成效明显，于是国家把这样的制度推广到了全国。另外，这一制度也有救济寡妇尤其是战争寡妇的一面。家庭奉仕员被视为做家务的阿姨，工资很低。家庭奉仕员可以说是现代养老工作者的雏形，这在一定程度上预示了现代养老工作者地位和薪酬方面的境遇，为今日护工短缺问题埋下了隐患。

养老制度化：《老人福祉法》时期（1963—1999）

进入20世纪60年代，人口从乡村流向城市，家庭规模越来越小，导致家族内部的互助功能减弱，传统的家庭养老模式面临重大挑战。日本在20世纪中后期通过一系列法律与政策，建立了一个全面的老年人福祉体系，以应对人口老龄化的挑战，并提升老年人的生活质量。

1963年，《老人福祉法》的实施标志着日本养老服务体系的初步建立。《老人福祉法》的核心理念在于保障老年人的身心健康、生活稳定，并鼓励他们积极参与社会活动。老年福祉的终极目标，并非仅仅满足老年人的日常照料需求，而是更深层次地促进他们的社会融入和生活质量的提升。

根据《老人福祉法》，"养护养老院""特别养护养老院""低收费养老院"三种入住型机构养老院得到了快速发展。养护养老院的服务对象是贫穷、生活上有困难但生活可以自理的老人，不带介护服务。特别养护养老院的服务对象是需要介护的老人。养护养老院和特别养护养老院是行政机关决定入住者的"措置制度"的机构，不是想入住就入住的自由合同制机构。低收费养老院是以低价提供住所和伙食等服务的机构，采取了机构和入住者之间的合同制。在居家养老方面，该法案还将前一年启动的家庭奉仕员制度正式纳入法律框架。然而，对于使用这些机构和服务的人有收入限制，这是为"以公费支持需要帮助的弱势群体"而设立的老年人社会福祉制度。

1970年，65岁以上的老年人占总人口的7.1%，日本进入了高龄化社会。1973年，政府推行"老人医疗费支给制度"，实现了70岁以上老年人医疗费用的全免，这一年被称为"福祉元年"。但是，同年发生了石油危机，不得不让政府考虑到财政问题，被迫转换路线为建设"日本型社会福祉"。

1980年代，政府通过了《老人保健法》，将老年人的医疗费用转为部分自付，老年人医疗实现了从社会福祉（公费负担）到社会保险（部分自付）的转变。同时期，政府逐步完善了访问介护、短期入住和日托服务等居家养老三大支柱的制度化，推动了养老服务从以机构为主向更多灵活选择的转型。1986年，《老人保健法》的修订引入了康复概念，并新设了"介护老人保健设施"。

1989年，为了实现国民在高龄化社会能够过上健康、有文化的生活，政府推出了《高龄者保健福祉推进10年战略》（又称《黄金计划》），大规模地完善养老机构，并设定数量目标；在居家养老方面，把"家庭奉仕员"改称为"访问介护员"。此后的几年是日本介护历史上的黄金期,全国各地设立了各种养老机构,养老体系日趋完善。

1991年,泡沫经济溃灭。1994年,高龄化进程加速,政府推出了《新黄金计划》(1995—1999),提高了养老服务的数量目标,更强调了利用者本位和自立支援、普遍主义、提供综合服务、地域主义等四项基本理念。1999年,为了适应社会结构的巨大变化,政府推出了《黄金计划21》(2000—2004),提倡为高龄者创造能够满怀生活意义参加社会活动的环境,制定了六项基本措施:整顿介护服务的基础——随时随地的护理服务;失智高龄者支援的推进——建设保障老年人生活尊严的社会;形成活力高龄者对策的推进——"年轻高龄者作战"的推进;完善地域生活支援体制——建设互相支援的温暖社区;保护利用者和培养值得信赖的介护服务——能够安心选择的服务;确立支撑高龄者的保健福祉的社会基础——建设支撑保健福祉的基础。

日本在20世纪后半叶的养老服务制度化进程,体现了对老年人健康、稳定生活和促进社会参与的重视,同时反映了经济增长与社会结构变迁对养老服务需求的深刻影响。通过不断的政策创新和制度完善,日本建立了一个多元化、综合性的老年人福祉体系,为应对高龄化社会的挑战提供了有力的支持和保障。

表1 《老人福祉法》时期的日本养老制度化

年份	重要法律或政策
1963	《老人福祉法》 特别养护养老院
1970	"社会福祉设施紧急整备5年计划"
1973	"老人医疗费支给制度"
1978	短期入住
1979	日托服务
1982	《老人保健法》
1986	《长寿社会对策大纲》 修订《老人保健法》
1987	《社会福祉士及介护福祉士法》
1989	《高龄者保健福祉推进10年战略》
1994	《新黄金计划》（1995—1999）
1999	《黄金计划21》（2000—2004）

养老制度的完善：《介护保险法》时期（2000—）

在《老人福祉法》颁布后，日本面临着世界罕见的高速老龄化，同时出现了少子化。日本从老龄化率7%的老龄化社会发展到14%的高龄化社会，仅用了24年时间（1970年至1994年）。与法国的126年、美国的72年、英国的46年、德国的40年相比，这一速度令人惊讶。到了1980年代，随着对老年人医疗和护理问题的关注增加，认知症和为了养老而住院的社会性住院等问题引起了社会广泛关注，老人福祉的方向开始发生转变。进入1990年代，日本泡沫经济破灭，经济陷入停滞期。随着与老年人相关的社会福祉支出增加，税收下降，人们开始要求进行根本性改革。随后，以利用者为中心、重视预防和康复、推进居家介护、将高龄者介护的责任从家庭转移到社会、从社会福祉到社会保险（从公助到互助）等议题开始被广泛讨论。2000年4月，介护保险制度正式启动。

《老人福祉法》下的介护服务有很多问题。高龄者想利用介护服务时，市町村评估、决定服务种类和养老机构的措置制度，使得高龄者没有选择服务的自由；因为市町村委托养老机构，没有竞争机制，服务内容同质化，服务水平也不高；申请前需要进行收入调查，对低收入者来说，申请时也有心理障碍；服务费由高龄者和扶养义务者的收入决定，对中高收入者来说负担很重等。

为了解决这些问题，新的制度需要采用自立支援、利用者本位、社会保险式的理念和制度。养老服务的财政支持将从依赖国家税收的"公助"模式，转变为通过向40岁及以上人群征收保险费实现的"共助"模式。2000年，《介护保险法》施行，引进合同制的介护保险制度。仍然保留部分措置制度，必要时行政机关行使权限。同年，《社会福祉事业法》改称为《社会福祉法》。

在介护保险制度下，加入保险的高龄者可以自己选择服务和养老机构；持有专业资格的介护支援专门员（介护经理）帮助高龄者做介护计划，并安排养老服务；民间企业和非营利团体可以进入居家养老行业；不管收入的多寡，高龄者承担的服务费一律为10%（后来政府修订法律，让高收入的高龄者多负担一些，但90%以上的高龄者还是承担10%）。

2017年修订《社会福祉法》，主要改变是两个方面，一是实现"地域共生社会"。地域共生社会是指超越制度和领域（介护、残疾、育儿、贫困）之间的垂直分割；超越支援者和受支援者之间的关系；地域居民和各种关系人将受支援者利益视为"自身利益"而参与；人与人、人与社会，跨越世代和跨领域地完全连接，共同创造共生社会。修订后的《社会福祉法》提倡"立体的支援体制整备事业"。

在日本迄今为止的社会保障制度中，已经考虑到了诸如疾病、残疾、生育和育儿等人身的典型风险，并针对每种风险，通过提供现金支付或福利服务的形式来扩大社会保障。因此，生活保障和安全网的功能在各个领域都有了很大的进展，在社会福祉领域，如生活保护、老年人护理、残疾福祉、儿童福祉等，都发展出了针对不同属性和风险对象的制度，并提供专业支援。

然而，社会也在发生变化，个人所面临的困境和风险变得更加复杂和多样化。在这样的情况下，传统的垂直公助体系已经无法防范这些复杂和多样化的风险。例如，80多岁的父母抚养50多岁的无业孩子（"8050问题"）、有残疾子女的父母需要护理时、晚婚晚育家庭同时承担着介护和育儿的双重任务，等等。另外，虽然有些人可能患有轻度认知障碍或精神障碍，却不符合公共支持的要求，因此陷入"制度间隙"的情况越来越多。

二是实行社会福祉法人的大改革。据佳能世界研究所在报纸上发布的数据，特别养护养老院的平均留存收益是3亿1373万日元。同时，极其少数的社会福祉法人理事长的丑闻也被报道出来。由于特别养护养老院是社会福祉法人独占的，免缴固定资产税和法人税，因而社会舆论爆发，呼吁政府改革社会福祉法人制度，要求设置评议员会牵制理事会；经营透明化；在所在地提供"公益活动"，强制将留存收益用于福祉活动。

2024年，《认知症基本法》施行。其目的是"全面、系统地推广认知症措施，使认知症患者能够有尊严并充满希望地生活"，并为实现共生社会提出七项基本原则。政府制订"认知症措施推进基本计划"，都道府县和市町村各自制订认知症措施计划。

表 2 《介护保险法》时期的日本养老制度完善

年份	重要法律或政策
2000	《介护保险法》 《社会福祉事业法》改称为《社会福祉法》
2005	《高龄者虐待防止法》
2006	《老人保健法》改称为《高龄者医疗确保法》
2011	《高龄者住宅安全确保法》
2017	修订《社会福祉法》
2024	《认知症基本法》

日本福祉与社会福祉法人

"福祉"一词源自中国,日本在中世纪就已经使用这个词,但当时的意思是"幸福",后来逐渐演变为"福利"的意思。关于这一转变的确切时间尚不清楚。有一种说法认为,这一变化发生在明治时代,当时有名人在翻译英语单词"welfare"时,赋予了其"福利"的含义。但也有人反驳称,明治时代的词典中并没有"福利"这一意思,因此其语源仍然不明。1946年,《日本国宪法》第二十五条明确规定:"所有国民都有权享受最低限度的健康、文明的生活;国家必须努力改善和促进生活各个领域的社会福祉、社会保障和公共卫生。"自此以后,随着一系列社会福利法律的制定,"福祉"一词开始被广泛使用。随着各种社会福祉事业的发展,这个词逐渐失去了"幸福"的原意,专指"福利"。

现代意义上的"福祉"指的是通过官方的关怀和服务,确保社会所有成员都能平等地获得满足感和安全感,并努力通过官方的支持营造幸福的生活环境。

提供福祉的组织主要分为三类。第一类是国家（由厚生劳动省主管）、都道府县政府和市町村政府；第二类是都道府县和市町村分别设立的半官半民组织，即"社会福祉协议会"；第三类是民间组织。

1951年，日本制定了《社会福祉事业法》（后改称《社会福祉法》），规定提供福祉服务的民间组织为"社会福祉法人"，以推动社会福祉的实施。最初，福祉的范畴并不包括养老服务，老年福祉被归类为贫困者福祉的一部分。然而，随着高龄人口的增加，1963年《老人福祉法》出台，明确规定社会福祉法人应提供养老机构服务，市町村则委托社会福祉协议会实施家庭奉侍员派遣事业。1989年，该法进一步扩大了家庭奉侍员派遣事业的委托范围，除了社会福祉协议会，社会福祉法人和符合条件的民间企业也可以被委托承担这项工作。

2000年，《社会福祉法》正式实施，允许民间企业和非营利组织参与居家养老等福祉事业。然而，社会福祉法人仍然垄断了特别养护养老院（简称特养）等机构养老服务。民间企业需要缴纳税款，而非营利组织的福祉事业则免于纳税，这吸引了不少民间企业加入福祉事业，养老机构的数量因此有所增加。但不可否认的是，随之而来的是质量下降等问题。

社会福祉法人

社会福祉法人是根据《社会福祉法》的规定，经由主管机关（如都道府县知事、市长等，具体取决于法人所在地）批准设立的，旨在提供社会福祉服务的民间法人。作为一种公益性强的非营利组织，社会福祉法人在开展福祉业务时具有可靠性、有效性和公平性。

社会福祉法人所覆盖的服务范围包括残疾人（身体残疾、智力残疾、精神残疾）、儿童、老人，以及其他需要社会支持的群体，如低收入者、单亲家庭和受保护的妇女等。

作为非营利组织，社会福祉法人没有股份，享受多种税收优惠，如免除固定资产税、法人税、所得税和法人住民税等。除了规定的工资，所有利润都必须用于福祉事业，不能分配给经营层或员工。在残疾、儿童、养老和贫困者这四种福祉事业中，有些法人专注于其中一种，有些则经营二至四种福祉事业。如果业务范围超出福祉领域，涉及盈利性业务，如经营有料养老院等，则该部分业务需缴纳相应的税款。

早期的社会福祉法人主要由以下三种团体设立：地方政府、宗教法人和医疗法人。1989 年，厚生劳动省发布了《高龄者保健福祉推进 10 年战略》，当时正值日本泡沫经济的鼎盛时期。政府拨出巨额预算，为养老机构的建设提供各种补贴，一些名士和民间企业也捐助资金和资产（主要是土地），以设立社会福祉法人。由于规定社会福祉法人不能赢利，这些捐助者的目的并非投资，而是抱有强烈的为社会作贡献之心。

在这一时期，社会福祉法人必须设立理事会，作为法人的最高决策和执行机构。理事会由至少 6 名理事组成，另设至少 2 名监事，监事必须参与理事会的决策过程。

2013 年，厚生劳动省发布数据，显示社会福祉法人特别养护养老院的平均留存收益为 3 亿日元。事实上，这笔钱是为了将来修葺或重建养老院所准备的资金，因为政府规定的社会福祉法人会计标准中并没有明确的"准备金"项目。然而，这笔资金却被政府宣称为"留存收益"，一时间引发了社会舆论的广泛关注，指责社会福祉法人利用国民的税金赚取钱财。与此同时，确实存在少数理事长贪污的情况，如购买豪华进口车、名牌商品等，甚至有理事长的亲属挂名理事但不实际工作，却领取高额工资。这些事件经新闻曝光后，引发了公众对社会福祉法人存在意义的质疑，掀起了社会福祉法人改革的呼声。实际上，绝大多数社会福祉法人都在认真履行职责、谋求发展，因此产生了留存收益。然而，为了加强对理事的监督和提高财务透明度，政府于 2017 年修订了《社会福祉法》，对社会福祉法人制度进行了改革。

主要改革内容包括：社会福祉法人必须设立评议

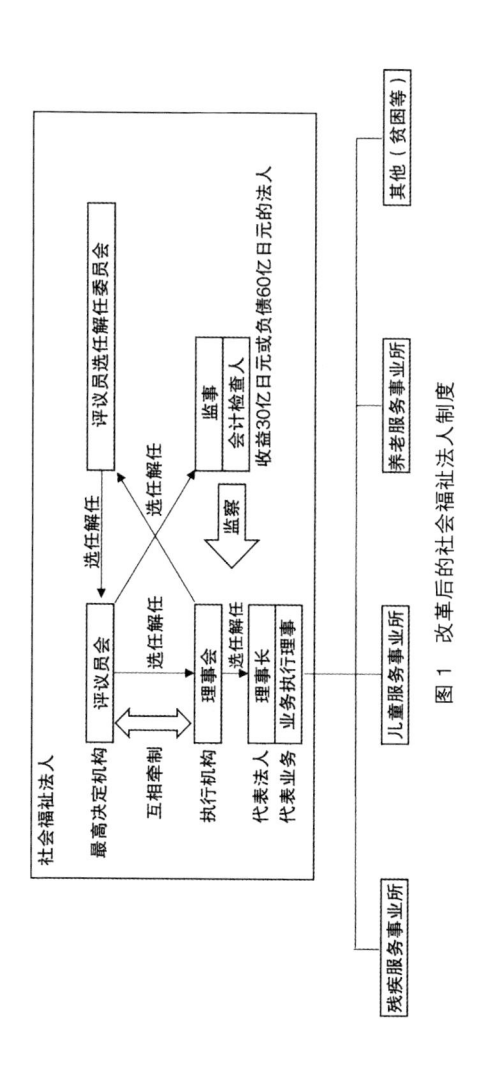

图 1 改革后的社会福祉法人制度

员会，并新设"评议员选任解任委员会"。评议员会负责选任或解任理事，而理事会则负责选任或解任"评议员选任解任委员"，"评议员选任解任委员"则负责选任或解任评议员。这三者之间形成相互制约的关系，以防止贪污并确保财务管理的规范化。此外，若法人收益达到30亿日元或负债达到60亿日元，还必须选任外部会计检查人。

然而，由于理事会负责选任"评议员选任解任委员"，理事长有可能选择熟人担任此职务，而这些委员又可能选任理事长的熟人为评议员。这种情况削弱了评议员会的制衡功能，使其在实际操作中效果有限，反而增加了烦琐的事务工作。

延伸阅读

一家养老院的变迁

我的舅舅曾经营一家海鲜加工厂，并拥有自己的渔船。当船长年老退休时，舅舅未能找到合适的接班人，加之公司的经营状况不佳，他开始思考下一步的出路。恰巧在此时，政府发布了《黄金计划》。经过一段时间的思考，他决定关闭海产公司，转而投身养老院的经营事业。与市政府协商并获得同意后，他开始准备设立社会福祉法人。他购买了一块地，并将其捐赠给即将设立的社会福祉法人。养老院建筑的建设费用一半由政府补贴，另一半则从独立行政法人医疗福祉机构借贷。

独立行政法人医疗福祉机构是一个从厚生劳动省分离出来的"中期目标管理法人"，负责实施医疗和福祉政策。该机构为医院、养老院等医疗和福祉事业所提供政策性融资，并进行管理和指导。由于大多数经营医院和养老院的法人规模较小，难以自行运营退休金基金，因此医疗福祉机构负责运营退休金基金，会员法人也可以使用。这类似于中国的退休金"年金"，由国家的特殊法人——日本年金机构负责运营和管理。

如今，距离《黄金计划》发布已有30多年，政府财政状况捉襟见肘，能够用于新建养老院的补贴也大幅减少。随着时代的变迁，人们的观念也发生了变化。当年我舅舅购买土地时，附近的居民曾强烈反对建设养老院，因为那时养老院被视为收容所性质的不良设施，饱受歧视。因此，在介护保险制度实施前，地方城市的养老院大多位于远离市中心的偏僻地区。

有一次，我舅舅设立的社会福祉法人的一位理事对我说："最近有一个住在我们养老院附近的人想要入住。我告诉他，养老院的入住由'入住判定委员会'决定，我无权直接接收他。他却抱怨说，住得这么近却不能入住，实在是很离谱，难以理解。"理事还对我说："讽刺的是，当初这个人曾是最积极反对我们建养老院的人，现在他似乎完全忘记了自己当时的反对立场。"

介护保险制度概要

随着高龄化的加速发展，不仅需要介护的高龄者数量大幅增加，介护的周期也变得长期化，导致介护服务的需求日益增加。同时，小家庭化和家属高龄化等问题也逐渐显现。过去主要由家属承担的高龄者介护，随着社会结构的变化而不再适用。传统的老人福祉和医疗制度已经无法应对高龄化社会的挑战，因此，日本需要建立一个由社会整体支援高龄者介护的制度，即介护保险制度。在这一背景下，1997年，日本国会通过了《介护保险法》，并于2000年正式施行。

介护保险制度的基本思想包括以下三点。第一，自立支援。介护保险的理念不仅在于照顾需要介护的高龄者的日常生活，更在于支援高龄者的自立。第二，利用者本位。介护保险制度允许高龄者自行选择多样化的养老机构，综合地接受保健医疗服务和福祉服务。第三，社会保险方式。采用给付与自付关系明确的社会保险方式，确保制度的透明性和公平性。

介护保险的被保险者分为两类："第1号被保险者"

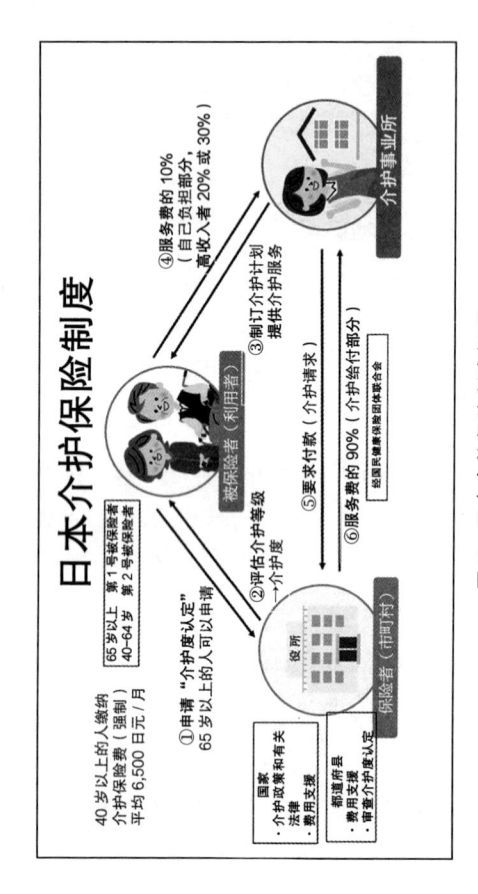

图 2 日本介护保险制度概要

是65岁以上的人，"第2号被保险者"是40岁以上但未满65岁的人。截至2018年末，第1号被保险者人数为3525万人，第2号被保险者人数为4192万人。所有在日本居住的人，包括居留3个月以上的外国人，均被强制加入该保险。第1号被保险者的介护保险费通常从养老金中直接扣除。第2号被保险者的介护保险费与健康保险一同计算，工薪族的保险费从工资中扣除，其他人则与国民健康保险一起缴纳。每个市级地方政府设定保险费，平均为6500日元/月。到65岁时，市町村政府会发放"介护保险被保险证"。当被保险者进入需要介护的状态时，可以向市町村政府申请"介护度认定"。对于第1号被保险者，申请无条件；对于第2号被保险者，如果患有16种由老年化引起的"特定疾病"之一时（链接1:16种特定疾病），也可以申请介护保险服务。

介护度认定

市町村的介护度认定调查员会前往申请者的所在地，进行"介护度认定调查"。首先，针对以下五个方面进行调查：身体机能与日常生活动作；生活机能；认知功能；精神与行为障碍；对社会生活的适应能力。此外，还会调查家属是否能够提供介护、申

介护度和单位

	区分	状态	区分支给限度额（单位）	服务费限度额（日元）	限度额(元) 1元=20日元
要支援(预防)	要支援1	可以自己做日常生活的基本动作。为了防止要化，或要介护状态，在IADL上需要某种支援	5,032	50,320	2,516
	要支援2	为了维持或改善身体机能需要某种支援	10,531	105,310	5,265
要介护	要介护1	排泄、入浴时需要部分介护	16,765	167,650	8,382
	要介护2	除了排泄、入浴、起立、行走也要部分介护	19,705	197,050	9,852
	要介护3	IADL与ADL降低。不能自行起立、行走。排泄、入浴、穿脱衣服需要全面介护	27,048	270,480	13,524
	要介护4	日常生活需要介护	30,938	309,380	15,469
	要介护5	传达意志困难。无介护得无法生活	36,217	362,170	18,108

2023.4.1

轻度 ←——————→ 重度

- 1单位=10日元。加"地区分单位"，一级地+20%，二级地+16%，三级地+15%，四级地+12%，五级地+10%，六级地+6%，七级地+3%
- IADL: Instrumental Activities of Daily Living, 工具性日常生活活动能力，指使用电话、购物、做饭、管理账务等复杂的日常活动。
- ADL: Activities of Daily Living, 日常生活活动能力，指吃饭、起立、躺下、穿脱衣服、排泄等基本生活能力。

介护服务费	健康保险
医疗费	自己负担
住宿费	
伙食费	
杂费	

介护度认定 ⇨

图 3 介护度和单位

请者是否有疾病或受伤经历，以及在更新介护度认定时，当前使用的介护服务等情况。调查员需要具备特定的医疗或介护资格，通常由介护支援专门员（介护经理）担任。

市町村还会要求申请者的主治医生出具"主治医生意见书"。如果申请者没有主治医生，则由市町村指定的医生进行诊察。市町村会将介护度认定调查和主治医生意见书的关键信息输入由国家统一管理的"介护保险综合信息库"系统。该系统根据相关信息，按照全国统一的判定标准做出"一次判定"，结果可能为"要支援1—2""要介护1—5"或"驳回"。一次判定结果出来后，市町村会召开"介护度认定审查会"进行二次判定。市町村委托医疗专家（如医生）、保健专家（如护士）和福祉专家（如社会福祉士、养老院院长）担任审查会委员。审查会由各领域的专家组成，从专业角度审查一次判定的结果，最终决定介护度或驳回申请。

介护度认定的有效期通常为：新申请和区分变更原则上为6个月，更新申请原则上为12个月。不过，介护度认定审查会可以根据申请人的身体状况，灵活指定3个月到36个月的有效期。如果申请人的身体状况相对稳定，有效期可以延长，以减轻频繁更新的负担；如果身体状况不稳定，则可能指定3个月至6个月的较短有效期，以便观察身体状况的变化。如果审查会认为申请人的身体状况无法恢复，也可以指定48个月的有效期。利用者需要在有效期结束前的两个月内到有效期结束日之间进行更新申请。如果身体状况发生突变，利用者还可以申请"区分变更"，此时市町村将重新进行介护度认定调查和介护度认定审查。如果利用者在有效期结束时忘记进行更新，则需要重新申请，在此期间将无法使用介护保险的服务。

整个认定过程是免费的，申请者无须承担任何费用，由市町村政府承担。

介护报酬

介护度被认定后，市町村会发放记载介护度的"认定结果通知书"以及根据前一年度家庭收入确定的"介护保险负担率证"，负担率可能为 10%、20% 或 30%。此外，还会附上每月的"区分支给限度额"，利用者可以在这一限度额内使用介护保险服务。限度额有两个概念："单位"和"日元"，其中 1 单位 = 10 日元。简单来说，单位是为了方便利用者，而日元则是为了介护事业所的运作。大多数利用者需自行承担介护服务费的 10%。

在实际操作中，从介护度认定申请日当天起，利用者便会被视为"假认定"状态，允许开始使用介护保险服务。但如果申请最终被驳回，假认定期间所产生的服务费用将 100% 由申请者自行负担（链接 2: 限度额）。

被保险者在收到介护保险负担率证后，便可以正式开始利用介护保险，接受介护服务，成为介护保险的"利用者"。其中，机构养老服务的利用者则被称为"入住者"。养老服务的主要形式分为三种：居家养老、社区养老和机构养老，这类似于中国的"9073"养老模式。提供这些服务的机构被称为介护事业所。当利用者选择社区养老或机构养老服务时，他们会直接与介护事业所签订合同。该介护事业所的介护支援专门员会制订"介护计划"，并根据该计划提供相应的服务。若利用者选择居家养老服务，则需先与居家介护支援中心签订合同，由中心的介护支援专门员制订"介护计划"。介护计划是整个服务过程中的关键环节之一。

介护支援专门员从利用者和其家属处收集信息，使用厚生劳动省提供的表格制定介护计划草案。然后召开会议，与利用者、家属、主治医生以及提供介护服务的事业所负责人等相关人士进行讨论，最终确定介护计划。利用者和家属同意介护计划后签字，介护计划正式生效（链接 3: 介护计划表格）。利用者根据介护计划直接与介护事业所签订合同。介护支援专门员将"介护提供票"发给介护事业所，后者则根据介护计划和提供票为利用者提供介护服务。

服务费被称为"介护报酬"，分为直接向利用者收取的部分和向市政府申请的部分。利用者根据收入水平自行承担10%—30%的服务费，其余70%—90%由保险者（市町村）负担。保险者承担的费用中，50%来自保险基金，50%来自税收。住宿费、伙食费、日常生活费（如理发费、娱乐费、尿布费等）则100%由利用者自行负担。介护支援事务所和地域综合支援中心的支援费用由保险全额负担，利用者无须承担任何费用。然而，由于国家预算紧张，有些人建议利用者也应承担部分费用。

介护报酬是由政府统一规定的价格，依据《介护保险法》，综合考虑事业所所在地的实际情况，并根据所提供服务的平均费用来规定。介护报酬由"基本报酬"和"加算"两部分组成。每项服务的价格按照规定的"单位"计算，介护报酬的计算公式为单位数×10日元。单位数由厚生劳动省决定，每种事业所的类型和每项服务内容都有固定的单位编号。

"基本报酬"是指与最基础的介护服务相关的费用，比如排泄、入浴、进食等基本服务的费用。如果涉及日托或短期入住，接送服务也包含在基本报酬内。具体的介护服务单位和基本报酬将在后文介绍。

加算

为了推动介护机构提供高质量的服务，政府在"基本报酬"之外设置了"加算"，即当机构为了提供更高质量的服务而完善体制时，可以获得的额外报酬。加算的内容会随着时间和需求的变化进行调整。例如，若某事业所配置了一定比例的持有"介护福祉士"资格的护工，该机构被认为可以提供高质量的服务，因此可以获得"服务提供体制强化加算"。同样，配置了一定比例护士的事业所也被认为可以提供高质量的服务，因此可以获得"看护提供体制强化加算"。此外，还有诸如"个别机能训练加算""口腔卫生管理加算""ADL维持等加算""排泄支援加算""褥疮管理加算""协力医疗机关联协加算""高龄者设施等感染对策向上加算""认知症小组介护加算"等多种加算项目。

如果事业所未达到政府规定的标准，还会面临"减算"。例如，没有制订应急计划的事业所会受到"业务继续计划未实施减算"；没有防止虐待的措施，则会受到"高龄者虐待防止措置未实施减算"，等等。

如何尽可能多地获得加算并避免减算，是经营介护机构的一大关键。然而，如果提供的高质量服务超出了加算要求，却无法获得相应的加算，这只会增加成本，得不偿失。因此，大多数机构选择不进行新的尝试或突破性提升，以避免不必要的成本增加。

除了基本报酬和加减算，介护报酬还涉及"地区区分单价"。由于各地的物价和人工成本不同，为缩小地区间的经济差距，政府将所有市区町村分为八个等级，并在介护报酬的单位上附加一定比例。例如，东京23区为一级地，增加20%；横滨市、大阪市等为二级地，增加 16%；依次递减至七级地增加 3%，其他地区则不增加。

LIFE 加算

2021 年，厚生劳动省启动了"科学介护信息系统"（Long-term care Information system For Evidence, LIFE），旨在通过收集介护保险利用者的服务信息，提升介护服务的质量。

当介护事业所实施科学介护后，需要将相关数据提交至 LIFE。LIFE 会收集这些数据，包括利用者的基本信息、ADL、营养状态等方面的信息。LIFE 在储存和分析数据后，会将结果反馈给各个介护事业所。为了鼓励更多的介护事业所参与信息提供，政府设立了"科学介护推进体制加算"（LIFE 加算）。根据全国老人福祉设施协议会的数据，约有 90% 的特养机构和约 70% 的短期入住及日托机构获得了这一加算。

然而，申请 LIFE 加算的过程较为烦琐。每个介护事业所需要调整记录格式，这不仅增加了事务工作的复杂性，还需要耗费大量时间。向 LIFE 报告信息时，事业所需从其介护管理系统中提取数据，以 CSV 格式提交给 LIFE。在获得加算后，事业所需每 3 个月提供一次信息。

自 2023 年 6 月开始，LIFE 已开始提供反馈，但目前仍处于信息收集阶段，反馈内容尚不完善。要提供真正有价值的反馈，还需要一段时间的积累和改进。

介护职员待遇改善加算

介护职员的低工资问题一直未得到有效解决。2000年介护保险制度启动时，人们普遍认为"介护的时代"已经到来，行业前景广阔，许多人因此投身养老行业。然而，到2013年我进入养老行业时，人才短缺的问题已十分严重。尽管如此，当时的理事长并未意识到危机，常常说以前招聘一个职位时有大约10名应征者来面试，为要拒绝9人而感到很为难。

2012年，厚生劳动省发布的数据显示，介护职员的年收入为310万日元，而日本全行业的平均年收入为408万日元，介护职员的收入比其他行业平均低约100万日元。这个差距至今仍然保持在100万日元左右。尽管介护职员需要具备专门的介护知识和技术，并承担繁重的工作，但薪酬却如此低，导致许多年轻人不愿进入这个行业。

为改善这一状况，政府于2011年推出了"介护职员待遇改善交付金"，次年又引入了"介护职员待遇改善加算"制度，旨在通过向事业所提供资金以改善介护职员的工资和工作环境。

申请此加算的事业所需向县级政府提交"介护职员待遇改善加算计划书"。政府提供了一个极其烦琐的表格文件，申请时需要输入非常详细的计划数字。此外，还设立了职业途径和职业环境等要求（链接4：两个要求）。由于申请过程特别烦琐，一些事业所放弃了此加算的申请。

2012年，成功申请此加算的事业所可获得每位介护职员每月1.2万日元的加算。此后，每隔几年制度都会进行调整。最初只有"介护职员待遇改善加算"，后来增加了"特定待遇改善加算"和"基本工资提高加算"，最高可达到每位介护职员每月3.7万日元的加算。然而，随着这三种加算的引入，申请手续变得更加复杂。综合事业启动后，事业所不仅需要向县级政府提交文件，还要向市级政府提交同样的文件，事务员的工作量倍增，几乎不堪重负。

2024年4月，介护职员待遇改善加算、特定待遇改善加算和基本工资提高加算终于合并为一个整体（链接5：加算具体数字）。每位护工最多可以获得每月3.7万日元，1年的加算总额为44.4万日元。事业所必须将此加算专款用于介护职员的待遇改善，不得挪作他用。起初这些资金不能分配给事业所的其他员工，但后来允许部分资金分配给其他员工。

即便事业所获得加算，并将100%的加算分配给介护职员，介护职员最多也只能获得44.4万日元。这依然无法弥补与全行业平均收入的差距。

介护给付费分科会

厚生劳动省的社会保障审议会下设有一个"介护给付费分科会",负责调查和审议介护保险相关事宜。每3年一次,对介护报酬进行修订(在年份后两位为3的倍数年,如2024年、2027年等),如果遇到特殊情况,中间也会进行小幅调整。

社会保障审议会的委员由厚生劳动大臣任命的学术专家担任。他们根据调查结果,审议并提出介护报酬、介护事业所的伙食费和住宿费的标准费用,以及介护事业所的"运营标准"等方面的修订方案。修订方案公开后,社会保障审议会会收集公众意见,并在必要时修改方案,最终决定介护报酬的修订方案。修订方案通常在3月通过政府的官报公布,并由厚生劳动省通知都道府县和各个介护事业所。

大约在3月下旬,厚生劳动省会发布具体说明修订内容的"解释通知",如果介护事业者有疑问,可以向厚生劳动省提出。厚生劳动省会整理问题,并以 Q&A 的方式公开回答。都道府县还会为介护事业所召开"集团说明会"。之后,介护事业所需要根据新的规定修改价格表和运营规程,并通知利用者。

新介护报酬通常在4月和6月开始实施。直到2021年为止,新规定都是在4月实施的,因此介护保险管理软件公司需要在短时间内完成更新,各个事业所也需要尽快修改价格并通知利用者。为了减轻介护行业的负担，从 2024 年起，不同类型的服务将分别在 4 月和 6 月实施新的介护报酬。

运营规定、重要事项说明书、介护保险利用合同书

为了确保介护保险服务的正常运营并向利用者提供适当的服务，每个介护事业所必须准备三种文件。市町村会提供文件模板，这些文件也是政府审计的重点对象。

运营规定

运营规定是介护事业所自行制定的文件，内容包括事业的目的和运营方针、员工的种类和人数、工作内容、营业日和时间、定员、服务内容、介护服务的利用费用及其他费用、服务提供的地区、服务时的注意事项、事故发生时的应对方法、灾害应对措施、防止虐待的措施以及其他与运营相关的重要事项。

重要事项说明书

这是一份总结合同内容关键点的文件，旨在帮助利用者理解合同条款。在签订合同前，介护事业所必须向

利用者说明以下内容：法人及事业所的信息、营业日和时间、介护服务的利用费用及其他费用、护工的工作安排、服务提供的地区、事故发生时的应对办法、投诉受理窗口信息、"福祉服务第三方评估"的实施情况及其他重要事项。关于费用的部分，通常以"利用费价格表"的形式附在文件中。

介护保险利用合同书

在重要事项说明书的基础上，合同书还包括以下重要条款：保密义务、个人信息处理、赔偿责任、拖欠费用时的处理办法、介护事业所的合同终止权、利用者的解约权、投诉处理、管辖法院及其他重要事项。

签订合同时，利用者、代理人（通常是利用者的家人）和介护事业所需在重要事项说明书和介护保险利用合同书上签字。

延伸阅读

介护度认定的现场记录

我曾以福祉专家的身份担任射水市介护度认定审查会委员，任期共计4年。每个市町村的运营方式不尽相同，射水市的情况如下：该市设有8个审查会小组，每个小组的委员每月参加两次审查会。市政府相关部门会在每次审查会前将有关资料寄给各位委员。资料包括申请者名单及一次判定结果的一览表、每个申请者的详细一次判定结果、介护度认定调查表以及主治医生意见书。为了确保公正，所有资料中的申请者姓名、主治医生姓名和工作单位等信息均被遮蔽。每次审查对象大约有30名，审查委员需要事先阅读资料，掌握相关内容。

审查会通常在晚上于市政厅举行，由市政府福祉部门的职员主持。我们按照一览表的顺序逐一进行审查。然而，审查会经常需要在信息不完整的情况下判断介护度。介护度认定调查表的内容来源于调查员的观察和从申请者及其家属处获取的信息，有时信息不足，难以作出准确判断。某些主治医生的意见书是手写的，字迹潦草，难以辨认。虽然我们尽力作出公正的判断，但受这些因素影响，有时不得不依据一次判定结果来决定介护度。

此外，审查委员偶尔会受到情感的影响。例如，有时某位委员会表示:"这个人的情况非常可怜,能否将介护度提升一级?"其他委员如果没有异议,便会同意提升。4年间,我遇到过三四次这样的情况。在所有人的介护度判定完成后,主持人会朗读审查结果,大家再次确认无误后,每位委员在议事录上签名,并将所有资料归还市政府,之后市政府会废弃这些资料。我曾建议改用电子版资料以减少浪费,但在我任职期间,这一提议并未被采纳。新冠疫情暴发前,我们会亲自前往市政厅参加审查会;疫情发生后,为了避免接触,市政府改为网上审查会。然而,即使改为网上审查,市政府仍然会在寄送资料时附上议事录和专用信封,要求会议结束后我们将签名的议事录和资料一同寄回。这种做法显得既浪费又不合时宜,实在令人困惑。

LIFE、COCOA、Honobono

在LIFE之前,政府曾开发了"介护信息系统"(Care、HeAlth、Status、Events,CHASE)和"康复信息系统"(Monitoring & Evaluation for Rehabilitation Services for Long-Term Care,VISIT)。这两个系统在试点养老院运营后被合并为现在的LIFE。我想,厚生劳动省的负责人可能自认为很聪明,把这些系统的简称拼凑成一个英文单词。不过,当我听到新冠疫情期间政府推出的App叫"COCOA"(COVID-19 Contact-Confirming Application)时,不禁觉得有些滑稽。

Cocoa是一种食物，与App抗击疫情的作用显得相当不匹配。这次的简称也显得有些牵强，本该是LCIE、CHSE、MVRS之类的缩写，却被强行改成了LIFE、CHASE、VISIT。

介护事业所为了管理烦琐的介护保险事务，通常会使用介护保险管理系统软件。目前市场上有两大主流软件——Honobono和Wiseman，此外还有许多公司开发了类似的软件，总数为50至60种。

我们养老院使用的是Honobono软件，用来管理利用者的基本信息、介护计划、介护记录、机能训练记录、营养记录、介护请求、员工的基本信息、工资等。这个软件实现了一元化管理，但每次介护报酬调整等项目更新时，软件也需要频繁更新。软件公司会每月寄送更新用的光盘，我们手动进行更新。近年来，随着云计算和ASP的普及，软件更新变得更加方便。

由于这些软件价格不菲，我曾经想过，厚生劳动省是不是应该开发一款类似的软件，这样不仅能帮助我们减少开支，还能方便厚生劳动省收集信息，岂不是一举两得？

然而，随着新冠疫情的暴发，我的想法逐渐发生了变化。国家在新冠疫情期间投入超过50亿日元开发了新冠感染者信息管理支援系统（HER-SYS），厚生劳动省则花费超过10亿日元开发了COCOA这款用于警告新冠患者接触的 App。COCOA 需要用户自行下载，但大多数国民认为这款 App 没什么用处，因此并未下载。HER-SYS 则需要医生在系统中输入患者的信息，系统会发出电子邮件通知患者，并生成"阳性者登记处理号码"。如果 COCOA 用户获取了这个处理号码，他们可以自行在 App 中输入信息，但这并非强制性的。而且，只有当两个设备在 15 分钟内处于 1 米以内的距离时，App 才会发出警告。App 之间通过蓝牙通信，如果蓝牙关闭，App 便毫无作用。

后来，我阅读了许多相关报道，了解到一些令人失望的事实。根据数字厅的报告，截至 2022 年 11 月，COCOA 的总下载量约为 4129 万次，相当于全国三分之一的人口数量，但只有 369 万名阳性者进行了登记，仅占所有阳性者的 15%。医生和保健所的工作人员抱怨 HER-SYS 输入信息烦琐，共有 120 个项目，用手写记录反而更快，且输入时容易出错。更令人不解的是，厚生劳动省在此之前已经花了 10 年时间开发了"症例信息迅速搜集系统"（FFHS），该系统仅需输入 18 个项目，还可以通过 OCR 读取手写信息，但因新冠疫情负责人并不知道另一个部门正在开发 FFHS，最终该系统未被使用。更令人震惊的是，国家每天统计新冠患者新增数时，竟然是将 47 个都道府县传真过来的数字手工加总，过程中频频出错。

作为一名纳税者，这些浪费行为让我感到愤怒，随后则是失望。也因此,我希望厚生劳动省开发介护保险系统软件的想法逐渐消失,认为还是民间企业开发的软件更可靠。

介护的资格和职称

日本的护工资格起源于 20 世纪 60 年代初，分为两个系统。一是源于"家庭奉仕员"，为居家高龄者提供服务的"访问介护员"系统；二是为养老机构服务的"介护福祉士"系统。2013 年，政府将这两个系统统一管理，使护工可以系统化地提升资格等级。在介护现场，即使没有资格证书也可以担任护工，在养老机构中可以在介护福祉士的指导下进行身体介护。然而，访问介护员通常是单独前往利用者家中，因此需要相应的资格。此外，大部分养老机构设有资格补贴，因此大多数护工需要在进入介护事业所之前取得某种资格，或者在工作期间通过培训取得资格。

除了现场的护工，行政方面还有"社会福祉主事"，支援方面有"社会福祉士"和"介护支援专门员"。在医疗、饮食等方面的相关工作中，也有许多不同岗位的支持人员。

护工资格种类包括三种：国家资格、官方资格和民间资格。官方资格是由厚生劳动省等省级机构或都道府县认定的资格，考试由公益团体（如一般社团法人）或民间团体实施。

介护职员初任者和介护职员实务者

介护职员初任者和介护职员实务者是由厚生劳动省认定的官方资格，全日本通用，过去分别被称为"访问介护员2级""访问介护员1级"和"介护职员基础研修"。在日本，级别数字越小，所代表的级别越高。虽然正式名称已经更改，但"访问介护员"（日语为ヘルパー，helper）的称呼仍然广泛使用，许多人并不了解其分为两级。在参加培训班时，可以获得政府的各种补贴。有些介护事业所要求参加者在完成培训后必须在本所工作，并支付其培训费用。事实上，担任护工并不需要资格，但大多数介护事业所为了保证服务质量，通常要求护工具有介护职员初任者以上的资格；或者在雇用无资格人员时，要求其在规定期限内取得资格。

介护职员初任者和介护职员实务者的主要工作内容包括为利用者提供进食、排泄、入浴等身体介护服务，以及清洁、洗衣等生活援助。介护职员初任者是护工最基础的资格，需完成130小时的培训，通常需要大约1个月的时间。培训费用为4万至10万日元（链接

1：介护职员初任者培训内容）。介护职员实务者资格是比介护职员初任者高一等级的资格，需要参加450个小时的培训，通常需要4至6个月完成。如果已取得介护职员初任者研修的证明书，则可免除130个小时的培训课程。取得介护职员实务者以上资格后，可以担任访问介护事业所的"服务提供责任者"。培训费用为5万至20万日元（链接2：介护职员实务者培训内容）。

都道府县指定的培训机构提供相应的培训。培训机构有公办和民办的，也有函授课程，但由于介护技术需要实操，大部分课程仍需在培训机构上课。参加培训没有年龄、国籍等限制，任何人都可以参加。培训完成后，培训机构将代表都道府县颁发证明书。参加地方政府培训的人，还可能享受部分或全部学费减免的优惠政策。

介护福祉士

介护福祉士是介护资格中唯一的国家资格。拥有此资格的护工被视为高水平的专业护工。对于介护事业所来说，拥有更多的介护福祉士可以保证服务质量，同时有助于申请服务费的加算。因此，介护事业所鼓励护工取得此资格。

介护福祉士是提供介护服务的主力，其主要职责包括为利用者提供进食、排泄、入浴等身体介护服务，以及清洁、洗衣等生活援助。

取得介护福祉士资格的途径主要有三种。第一种是就读"介护福祉士养成学校"（相当于大专，学制为2年或3年），毕业后参加国家资格考试，学费为200万至300万日元。许多学校也接收留学生。第二种是就读"福祉系高中"（学制3年），毕业后参加国家资格考试。费用大约为100万日元。第三种是完成介护职员实务者研修，并在介护事业所工作满3年且累计540天后参加国家资格考试。资格考试费用为18380日元，另有邮费等杂费。就读学校时，可以申请政府的各种补贴。

社会福祉考试振兴资格中心负责举行考试。报名时间为8月中旬至9月中旬，考试在次年2月进行（链接3：介护福祉士考试内容）。福祉系高中的一部分课程以及EPA外国人介护福祉士候补者还需参加实际技术考试。考试结果在3月底公布。合格后，需要向社会福祉考试振兴资格中心申请登记，登记费为12320日元，约1个月后可领取"介护福祉士登记证"。我在养老行业工作时，曾见过一些未登记的合格者，这些人并不被视为正式的介护福祉士（链接4：近年介护福祉士考试合格率）。

过去，介护福祉士养成学校的学生在毕业时即可获得介护福祉士资格，但政府对资格条件进行了严格规定，现在，介护福祉士养成学校的学生也需要参加国家资格考试。此外，还推出了暂定措施，即对于 2023 年 3 月前毕业的学生，如果未参加或未通过国家资格考试，可以作为"暂定介护福祉士"。若在毕业后 5 年内持续在养老设施工作，可获得正式的介护福祉士证书。在这 5 年内，学生仍可参加考试以取得介护福祉士资格。由于介护人才短缺问题日益严重，政府将这一期限延长至 2027 年 3 月。

认定介护福祉士

这一由厚生劳动省的外围团体"一般社团法人 认定介护福祉士认证认定机构"认证的民间资格，被认作更高级别的资格，有人称之为"养老的核心角色"。要获得这一资格，必须在取得介护福祉士资格后，在介护事业所工作满 5 年，并完成 600 个小时的培训。培训费用大约为 60 万日元。为了保持质量，该资格证书需每 5 年更新一次。介护福祉士是通过国家考试获得的资格，而所谓的高级资格却是民间认证的，这导致了某种程度的地位逆转。由于培训需要耗费大量的金钱和时间，因此很少有人获得这一资格。

日本的护士系统中有日本护士协会设立的"认定护士"制度，涵盖了包括紧急护理、皮肤和排泄护理、感染管理、糖尿病管理、认知症护理等在内的 21 个专业。通过参加某一专业的6个月、600个小时的认定护士课程并通过考试后，护士可以获得该资格。在新冠疫情发生之前，我曾为了应对流感，聘请了4位感染管理的认定护士。他们来检查我们养老院的感染防控措施，并给出了具体的改善方案。后来，当养老院发生新冠疫情时，保健所派遣了一名感染管理的认定护士，帮助我们建立了防止感染的运营体系。我两次接触认定护士，深感他们的专业性非常强，值得信赖。同时，认为认定介护福祉士缺乏专业性，不清楚"养老的核心角色"究竟是什么，应加强这一资格的专业性，才能使其真正具有含金量。

认知症介护的资格

官方资格共有4种，旨在鼓励介护事业所提高认知症介护的质量。这些资格培训由都道府县主办，社会福祉协议会等机构实施，主要对象是在介护事业所工作的护工。当介护事业所满足特定的人员配置条件时，可以申请认知症相关的服务费加算。此外，开设认知症应对的介护事业所也需要这些资格。

认知症介护基础研修：在介护事业所，没有介护或医疗资格的护工必须参加。该研修为150分钟的视频自学培训，包含简单的考试等，费用为3000日元。厚生劳动省规定，自 2024 年 4 月起，没有资格的护工必须参加此研修。

认知症介护实践者研修：对象为在介护事业所工作的护工，要求完成认知症介护基础研修或具备同等资格，并拥有 2 年的工作经验。此研修旨在提升护工的身体介护知识和技术，使其在事业所中成为认知症介护的核心角色。研修包括 5 天的讲座和 4 个星期的岗位实践，费用约为 7000 日元。

认知症介护实践者主任研修：对象为在介护事业所工作的护工，要求具备 5 年以上的认知症介护实务经验，并完成认知症介护实践者研修 1 年以上，且为介护小组的组长或组长候选人。研修包括 7 天的讲座和 4 个星期的岗位实践，费用约为 2 万日元。

认知症介护指导者养成研修：对象为在介护事业所工作的护工，需要具备 5 年以上的工作经验，完成认知症介护实践者主任研修，且拥有介护福祉士、护士等国家资格。当地方政府委托时，可以制订认知症介护基础研修或实践研修的计划，并担任讲师，培养事业所的认知症介护人才，推动地区介护发展。研修包括 15 天的讲座和 6 个星期的岗位实践，费用约为 24 万日元。

认知症应对型服务事业开设者研修：该项目是开设小规模多机能型居家介护事业所、认知症应对型共同生活介护事业所（集体之家）或看护小规模多机能型居家介护事业所时，法人代表必须具备的资格。参加都道府县组织的 1 天培训即可获得该资格。已取得认知症介护实践者主任研修资格的人员无须参加此研修。

认知症应对型服务事业管理者研修：该项目是开设认知症应对型日间介护事业所、小规模多机能型居家介护事业所、认知症应对型共同生活介护事业所（集体之家）或看护小规模多机能型居家介护事业所的管理者所需的资格。拥有认知症介护实践者研修资格，并具备 3 年以上认知症介护工作经验的人员，参加都道府县举办的培训即可取得该资格。每个都道府县的培训计划有所不同，研修的时间为 3—4 天。

认知症支援者养成讲座：为在全国各地营造认知症高龄者友好的社区环境，厚生劳动省推出了认知症支援者养成项目，旨在培养对认知症有正确认识和理解，并能在能力范围内帮助社区中认知症患者及其家人的"认知症支援者"。全国各地的地域综合支援中心会为当地居民举办讲座，任何感兴趣的人都可以参加。讲座为 90 分钟，免费。严格来说，这并不是认知症介护的资格，但因推广力度非常大，截至 2023 年 12 月，全国已有近 1511 万名认知症支援者，约占日本总人口的 12%，因此特别介绍一下。

由于上述官方资格主要针对介护事业所的工作人员，为了照顾认知症家人而学习认知症应对技能的人可以考取几种民间资格，其中认知症护理学会的"认知症介护专门士"较为有名。

介护支援专门员

介护支援专门员，又称介护经理，是一种由都道府县认定的资格。介护保险制度庞大而复杂，对于利用者来说，自己办理介护保险非常困难，因此政府设置了精通介护保险制度和地区养老机构的介护支援专门员来支持利用者及其家庭。

介护支援专门员的主要工作是制订利用者的"介护服务计划"和"给付管理"（服务费用的管理），并负责协调利用者与介护事业所之间的联系和服务安排。此外，介护支援专门员还向有意利用介护保险的人提供咨询服务，有时协助高龄者向市町村申请介护保险，并在受市町村委托时进行介护度认定调查等工作。

报考介护支援专门员的条件包括拥有医疗介护领域的特定国家资格，如介护福祉士、社会福祉士、护士等，或从事介护资讯工作的"生活资讯员"等（每个都道府县的要求略有不同，需确认）。此外，还需具备5年及以上、累计900天以上的工作经验。考试每年10月举行，合格率约为20%。合格后，需要参加87小时的讲座，并在居家介护支援事业所完成3天的介护支援专门员实务研修，随后在3个月内向都道府县登记，由都道府县颁发"介护支援专门证"。取得该证书后，即可从事介护支援专门员的工作。为确保服务质量，每5年需参加56小时的"更新研修"，搬到县外时需要在新住的县办理登记手续。

主任介护支援专门员是由都道府县认定的介护支援专门员的上级资格。具备 5 年工作经验的介护支援专门员在参加主任介护支援专门员研修后可获得该资格。居家介护支援事业所的管理者必须具备此资格。主任介护支援专门员的工作内容与介护支援专门员基本相同，但拥有此资格的人员被认为在介护管理方面具备非常丰富的知识和技能。

社会福祉主事

社会福祉主事是由厚生劳动省认定的官方资格，根据《社会福祉法》的规定，公务员在被任用从事福祉相关业务时需要具备此资格。社会福祉主事主要在都道府县或市町村设立的社会福祉事务所从事福祉方面的咨询工作。此外，该资格也适用于福祉机构的院长、生活资讯员等岗位。

取得社会福祉主事资格的主要途径包括：在大学或短期大学完成厚生劳动大臣指定的 3 个及以上科目并毕业，或在厚生劳动大臣指定的培训机构完成课程。

社会福祉士

社会福祉士是国家资格，其职责是为在身体或精神上有障碍，或在生活上有困难的人提供福祉方面的咨询服务，提出建议或指导，并与其他服务提供者联系合作，或通过其他方式提供援助。社会福祉士在政府机构的福祉部门、社会福祉协议会、福祉机构、医院、地域综合支援中心等岗位工作，主要从事社会福祉工作，虽然是福祉的专家，但不一定是养老介护或介护保险的专家。一般来说，大学或短期大学福祉专业的毕业生通过国家考试取得此资格，也有从事福祉咨询业务后参加国家考试的途径。

生活资讯员

生活资讯员是在日托、短期入住、特别养护养老院等介护事业所必须配置的职位，虽然这不是一个资格，但工作内容包括为利用者提供咨询服务并办理相关手续，协调利用者与介护事业所之间的联系和调整。具体工作包括为利用者及其家属提供咨询服务，办理入退院手续，协调利用者与介护事业所之间的沟通，处理投诉，并协助介护支援专门员制订介护计划等。

　　社会福祉士、精神保健福祉士、社会福祉主事均可担任生活资讯员。除上述3个资格外，有些都道府县也允许介护福祉士和介护支援专门员担任此职位。

机能训练指导员

机能训练指导员是为利用者提供康复训练的职位，但不是一种资格。该职位负责评估利用者的身体机能和生活环境，听取利用者及其家属的意愿，制订机能训练计划书，并根据该计划进行机能训练。机能训练计划书每3个月更新一次。

机能训练指导员必须由以下持有特定国家资格的人员担任：护士、准护士、物理治疗师、职业治疗师、言语听觉治疗师、按摩推拿指压师、针师、灸师、柔道整复师等康复专业人员。

福祉用具的资格

福祉用具专门资讯员：福祉用具的专家，介护保险指定的福祉用具租赁事业所和福祉用具贩卖事业所需配备2人以上。具有福祉用具相关知识并拥有某种国家资格的人（如保健士、护士、准护士、物理治疗师、职业治疗师、社会福祉士、介护福祉士、义肢装具士）或完成福祉用具专门培训的人可以担任福祉用具专门资讯员。培训由都道府县知事指定的培训机构实施，为期50小时，费用为4万至6万日元。

福祉用具规划师：负责福祉用具的咨询、计划、使用支持及使用后的评估等工作。该资格由厚生劳动省的外围团体公益财团法人技术支援协会（Techno-aid协会）认证，是比福祉用具专门资讯员高一级的资格。该协会负责福祉用具的调查研究与开发，收集福祉用具信息，并实施义肢装具士国家考试（链接5：福祉用具规划师参加培训的条件）。

福祉用具规划师管理指导者：福祉用具规划师管理指导者是公益财团法人技术支援协会认证的民间资格，是福祉用具规划师的上级资格。他们的职责是培养福祉用具规划师，并管理福祉用具专门资讯员等人才。培训在东京的技术支援协会内进行，要求在4年内完成4个课程：起坐和移位48小时；轮椅坐法49.5小时；福祉用具工学51小时；管理和指导54小时，总计202.5小时。每个课程费用为8.8万日元，总计35.2万日元。福祉用具规划师可以选择学习任意课程，但只有完成所有4个课程，才能获得证书。拥有此资格的人是真正的高级福祉用具专家。

福祉居住环境协调师

福祉居住环境协调师是为高龄者提供自立生活环境咨询的职位，属于特别认可法人东京工商会的民间资格，分为1—3级。报考没有限制条件，通过考试后即可获得证书。考试通过计算机进行，3级和2级可以在家中用计算机参加考试。

考试费用为3级5500日元，2级7700日元，1级9900日元。如果在考场参加考试，还需支付计算机使用费2200日元。取得福祉居住环境协调师2级以上资格者可以出具申请介护保险住宅的修改理由书。

特定国家资格

在介护事业所的配置标准或介护资格的要求中，经常提到"特定国家资格"。这些资格是指在医疗和介护领域受过专门教育并通过国家资格考试的专业人士，包括以下资格：医师、齿科医师（牙医）、药剂师、保健师（高级护士）、助产师、看护师（护士）、准看护师、物理治疗师、职业治疗师、社会福祉士、介护福祉士、视能训练士、义肢装具士、齿科卫生士（相当于牙科护士）、言语听觉士、按摩推拿指压师、针师、灸师（持有针师和灸师两种资格的人才是针灸师）、柔道整复师、营养士（包括管理营养士）、精神保健福祉士。

其他

根据介护事业所的类型，还必须配置医师、护士、营养师或管理营养师等，负责医疗和营养管理等工作。若要取得口腔护理方面的加算，则需配置齿科医师和齿科卫生士。

延伸阅读

养老院院长应该有什么专业资格

担任特别养护养老院院长的条件包括具备社会福祉主事资格、从事社会福祉事业2年以上，或完成社会福祉设施院长资格认定讲习会中的任意一项。符合其中之一即可担任院长职务。

社会福祉设施院长资格认定讲习会由全国社会福祉协议会举办，课程为期1年，包括函授教育，并需要在全国社会福祉协议会的培训机构参加5天的讲座。学习内容涵盖福祉和经营管理、人事和劳务管理、财政管理等方面。培训完成后，可获得"福祉设施士"资格。

我也持有福祉设施士资格，虽然已记不清具体课程内容，但福祉方面的内容较多，而经营运营方面的内容较少，对我来说，后者的难度多为针对零基础者的入门级别。培训时，我与其他学员进行了交流，发现几乎所有人都是介护领域的专家，持有介护福祉士或介护支援专门员等资格。由此可见，大多数特养院长都是介护出身，然而他们一致表示，经营管理、人事和劳务管理、财政管理等方面非常困难。后来，我还取得了社会福祉主事资格，该资格注重福祉领域，但并不涉及经营管理内容。

如今，日本养老行业面临严重的护工短缺问题，2022年以来，物价飞速上涨，问题层出不穷，经营介护事业所变得极为艰难。然而，许多养老院院长却束手无策，因为他们是介护专家，而非经营专家。

另一个问题是，介护服务费是由政府规定的，按照规定提供服务时，可以申请服务费的"介护请求"。但当提供超出介护保险范围的优质服务时，却无法获得相应的"单位"，也无法申请介护请求，导致无法获得利润，最终在改善服务上得不到实际回报。这种情况下，自然很难激发创新。

虽然介护保险的运作存在地区差异，但由于是由厚生劳动省主管的保险事业，政府倾向于平均化，旨在提高服务质量较低的事业所的质量，而不是进一步提升服务质量较高的事业所，以避免扩大质量差距。此外，如果某种介护模式实现了较高的利润，政府会立即降低单位来进行平衡。我认为，培养介护人才固然重要，但政府也应致力于培养真正意义上的介护事业经营者，并鼓励事业所创新，从而能够获得利润，进而为日本的介护行业带来更加光明的未来。

介护保险的服务类型

最新的介护保险服务类型分类由厚生劳动省于 2024 年 4 月在其网站上公布，共包括 5 种类型：介护支援、居家、社区、机构、其他，这 5 种类型包括 26 项服务（表 3）。目前许多中文资料在介绍日本养老事业时，尚未统一使用服务名称的译名。为避免误解，我在表中同时列出了日语原名。

地域综合支援

地域综合支援中心是为维持当地居民的身心健康和生活稳定所必需的援助机构，旨在全面支持卫生医疗和福利。该中心的目标是为高龄者提供综合咨询、维护权益、建立支援体系，并介绍预防性介护等服务。作为市町村为实现地区综合介护而设立的核心机构，地域综合支援中心在 2005 年的《介护保险法》修订中设立，每个"日常生活圈域"都设有一个中心。需要注

表3 日本介护保险服务分类

类型	种类	服务名	服务名日语原名
介护支援	咨询、介护计划	居家介护支援服务	居宅介護支援サービス
居家	自宅	访问介护	訪問介護
		访问入浴	訪問入浴
		访问看护	訪問看護
		访问康复	訪問リハビリ
		夜间应对型访问介护	夜間対応型訪問介護
		定期巡回·随时应对型访问介护看护	定期巡回・随時対応型訪問介護看護
	日间	日间介护（日托）	通所介護（デイサービス）
		地域密着型日间介护	地域密着型通所介護
		疗养日间介护	療養通所介護
		认知症对应型日间介护	認知症対応型通所介護
	短期入住	短期入住生活介护（短期入住）	短期入所生活介護（ショートステイ）
		短期入住疗养介护	短期入所療養介護
社区（地域密着型）	自宅、日间、短期入住	小规模多机能型居家介护	小規模多機能型居宅介護
		看护小规模多机能型家庭介护（复合型服务）	看護小規模多機能型居宅介護（複合型サービス）
	小规模养老院	认知症应对型共同生活介护（集体之家）	認知症対応型共同生活介護（グループホーム）
		地域密着型介护人福祉设施入住者生活介护	地域密着型介護老人福祉施設入所者生活介護
		地域密着型特定设施入住者生活介护	地域密着型特定施設入居者生活介護
机构	养老院	介护人福祉设施（特别养护老院、特养）	介護老人福祉施設（特別養護老人ホーム）
		介护人保健设施（老健）	介護老人保健施設（老健）
		介护疗养病医疗设施	介護療養型医療施設
		特定设施入住者生活介护（有料养老院、低费养老住宅等）	特定施設入居者生活介護（有料老人ホーム、軽費老人ホーム等）
		介护医疗院	介護医療院
其他	福祉用具	福祉用具租赁	福祉用具貸与
		特定福祉用具贩卖	特定福祉用具販売
介护支援	综合事业（要支援）	地域综合支援	地域包括支援

介护保险的服务类型　　063

意的是，"地域综合支援中心"是法律规定的全日本通用的正式名称，但各地区如果有更亲切的名称，也可以使用。例如，鹿儿岛县称其为"长寿安心咨询中心"。

地域综合支援中心由市町村设立，市町村也可以将此业务委托给具备资格的福祉机构。地域综合支援中心的业务范围包括：综合咨询支援、老年人权益维护、社区介护支援专门员的工作。为介护保险的"要支援者"制订介护计划的"指定介护预防支援"和"指定预防介护管理"任务也被视为地域综合支援中心的职责。此外，中心还开展针对高龄者的预防介护活动，如介护预防教室、营养管理教室、料理教室、认知症咖啡厅等，旨在预防疾病和身体衰弱，延缓认知症的发生，从而延长老年人的健康寿命。由于国家预算有限，预防性活动被视为减少医疗和介护支出的重要手段。

值得注意的是，这些任务可以委托介护支援事业所执行。在《高龄者虐待防止法》规定的市町村高龄者虐待应对方面，地域综合支援中心被视为构建预防虐待网络、接受虐待咨询和通报、为受虐者提供支援的关键协调机构。

原则上，地域综合支援中心应配置三类职位，即至少 1 名保健师或护士、社会福祉士、主任介护支援专门员，以支持每个"日常生活圈域"（通常为人口 2 万—3 万人的地区），即 65 岁以上高龄者人数 3000—6000 人的地区，通常对应一个初中学区。在三类职位

支援	地域综合支援中心（市町村）

介护保险承担100%的费用

社会福祉士
保健士/护士
介护支援专门员

- 配置三类职位，接受有关福祉、保健、医疗方面的各种咨询。
- 给要支援者在限度额的范围内制订居家亲老的介护计划，与事业所联系安排、管理各种介护服务的利用。
- 在所在地区推行"介护预防教室"和"认知症咖啡厅"，给高龄者展开预防活动。
- 与地方政府、医疗机构等合作，利用所在地区的各种资源，建立适于该地区的综合性介护预防机制——"地域综合介护系统"。

咨询　　　介护服务计划　　　介护预防教室

图 4　地域综合支援中心图解

介护保险的服务类型

组成的团队基础上,开展多方面的跨制度支援。

地域综合支援中心的运营费用由市町村政府负担,高龄者使用地域综合支援中心的服务无须付费。地域综合支援中心为要支援 1、要支援 2 的利用者制订介护预防计划,获得 442 单位的介护请求权,并向国民健康保险团体联合会申请。

居家介护支援

日本的居家介护服务具有多样化的服务种类和众多的事业所,手续也相对复杂,因此利用者自己很难独立利用居家介护服务。为此,国家规划了居家介护支援体系,以便利用者能够顺利利用各种居家介护服务。

居家介护支援是日本介护保险制度下居家养老的关键之一,但中国并没有类似的制度,因此有必要详细说明这一项服务。

居家介护支援事业所提供居家介护支援服务,是负责居家介护的咨询、规划、联络和协调的机构,服务对象为介护保险的"要介护者"。事业所内配置有"主任介护支援专门员"和"介护支援专门员",其中"介护支援专门员"又称为"介护经理"。介护经理的主要任务是为利用者制订介护计划(介护服务计划书)。这里的"居家"不仅指住在自己家,还包括低收费老人住宅和附带服务的高龄者住宅等。由于居家介护支援事业所的服务费用由介护保险支付，利用者无须承担任何费用。

一个介护支援专门员负责的利用者人数虽无具体限制，但介护保险付给居家介护事业所的服务费用采取递减价格体系。因此，一般来说，一个介护支援专门员负责的利用者人数控制在 40 人以下。这项制度旨在避免为了增加收入而让一个人负责过多的利用者，从而确保介护支援服务的质量。

仅居家介护服务就有 10 种以上的服务类型，对于利用者及其家属来说，在工作和疗养之余选择适当的介护服务并不容易。介护支援专门员会根据评估和专业知识，从中立的角度出发，不偏向特定的介护事业所或服务类型，而是全面地去考虑利用者的需求。此外，如果介护支援专门员判断一位利用者在家中进行居家介护有困难时，会进一步建议其入住机构型养老事业所（如特别养护养老院等）。

虽然居家介护支援事业所是民间机构，但其公益性很强，因此在选择介护服务时存在一定的限制。若他们将超过 80% 的利用者介绍给同一法人的介护事业所，并且没有适当理由，"减算制度"将减少其服务费收入，以确保介护管理的公正性和中立性。

如果利用者因各种原因无法自己申请介护保险，居家介护支援事业所的介护支援专门员可以代为申请。

| 支援 | **居家介护支援事业所** | 介护保险承担 100% 的费用 |

- 给要介护者在限度额内制订居家养老的"介护服务给付计划"(介护计划),与介护事业所联系安排、管理各种介护服务,比如利用介护机构、介护出租车、福祉用品租赁(电动车、轮椅、便携马桶等),中介住宅的介护改造(无障碍化住宅、安装扶手等)等。

介护保险的各种服务:
- 短期入住
- 访问介护
- 介护出租车
- 住宅改造
- 日间服务
- 福祉用品租赁

周四想去医院。周五晚上该孙子要来看我。

这样的计划怎么样?

周日
周一
周二 ⎱ 短期入住
周三
周四 — 介护出租车
周五 — 日间服务
周六

(C) 2024 Akitoshi Kawaguchi

图 5 居家介护支援事业所图解

利用者被认定为"要介护"后，与居家介护支援事业所签订合同，开始接受其服务。被认定为"要支援"时，则无法使用居家介护支援事业所的服务，而需使用地域综合支援中心的服务。

介护支援专门员负责制订"介护计划（居家服务计划书）"，该计划由7个表格组成，概括了咨询内容、支持方向、目标、具体服务内容等。

服务联系和协调：一旦制订了介护计划，利用者便与提供各种介护服务的事业所签订合同并开始使用服务。居家介护支援事业所的介护支援专门员也负责相关的联系和协调工作。以下是适用于介护保险给付的主要介护服务：访问介护、访问入浴、访问看护、访问康复、日间介护（日托）、日间康复（康复型日托）、短期入住生活介护、短期入住疗养介护、特定设施入住者生活介护（如有料养老院、低收费老人住宅、养护养老院，以及部分附带服务的高龄者住宅）、福祉用具租赁、特定福祉用具贩卖等。

如果利用者或其家属对介护保险制度非常熟悉，也可以自行制订介护计划，并自行联系居家介护事业所安排服务，而不使用介护支援事业所的服务。然而，由于介护支援事业所的服务是免费的，即使能自行处理，大多数人仍会选择利用介护支援事业所的服务。据日本全国介护计划自制网的数据，只有0.04%的要支援者和0.01%的要介护者选择自行制订介护计划。

居家介护支援事业所和地域综合支援中心都从事支援高龄者的工作，但根据介护需求程度，由两个不同的事业所负责。居家介护支援事业所负责为要介护1—5级的人制订"介护服务计划书"，而地域综合支援中心则为要支援1—2级的人制订"介护预防服务计划书"。

在每3年一次的介护保险制度修订中，由于国家社会保障支出不断增加，厚生劳动省"社会保障审议会"关于介护管理费用收费化的讨论逐渐浮出水面。目前，居家介护支援费用全部由介护保险资金承担。然而，针对将于2027年度实施的第10期介护保险计划，现在已经展开激烈讨论，内容涉及是否像其他介护服务一样，让利用者承担居家介护支援费的10%—30%。

然而，介护管理费不能简单地被视为一种介护保险服务的中介费。具体而言，介护管理费不仅涉及咨询或评估业务，还涵盖了介护保险制度以外的"非正式"地域介护资源的利用。其范围并不限于介护保险服务内部，具有一定的特殊性。近年来，非正式介护在介护现场得到了更多重视，并在最近的制度改革中得到了进一步关注。

在这种情况下，收费化的缺点是，介护管理的广泛性会被忽视，会导致介护管理最终被限制于介护保险制度内的风险增加。此外，随着收费化的推进，预计低收入者和重度病患者可能会减少使用这项服务。因此，目前来看，收费化的缺点似乎大于优点。社会保障审议会表示，是否增加此项收费将在 2027 年修订公布前做出最终决定。

费用

如前所述，目前利用居家介护支援事业所时，利用者不承担任何费用。居家介护支援事业所为利用者提供服务后，会根据提供服务的单位，向国民健康保险团体联合会申请服务费（介护报酬）。

表 4　居家介护支援费 I

（单位 / 月·件）

	居家介护支援费 I（i）	居家介护支援费 I（ii）	居家介护支援费 I（iii）
担当件数	1—39	40—59	60 及以上
要介护 1—2	1086 单位	544 单位	326 单位
要介护 3—5	1411 单位	704 单位	422 单位

举例对表 4 进行说明：如果一个介护支援专门员负责 39 个利用者，其中"要介护 1—2"的利用者有 19 人，"要介护 3—5"的利用者有 20 人，那么服务费的计算为：(1086 单位 × 19 人 + 1411 单位 × 20 人) × 10 日元 / 单位 = 488540 日元。

自 2021 年起，引入介护计划制订支援系统（AI）或雇用事务员的居家介护支援事业所可以增加负责的利用者数量。居家介护支援费 I（i）适用于 1—44 个，居家介护支援费Ⅰ（ⅱ）适用于45—59个。2024年的修订将居家介护支援费Ⅰ（ⅰ）的适用范围扩大到1—49个，居家介护支援费Ⅰ（ⅱ）的适用范围为50—59个。由此可见，政府在积极推动介护计划制订支援系统的使用。

加减算

对于居家介护支援事业所来说，加减算是经营中非常重要的因素。

为了保持公正性，对于不公正的事业所，政府实行惩罚性减算。第一，特定事业所集中减算：无正当理由，将利用者介绍给同一事业所的比率超过80%（访问、日间、社区、福祉用具租赁等），在6个月内，每月减200单位/件。第二，运营基准减算：持续两个月以上无法遵守制定的"运营基准"，减基本单位数的50%。

如果某事业所满足以下条件：配备足够数量的主任介护支援专门员和介护支援专门员、确保24小时应对体制、定期召开研修会，并且没有受到运营基准减算或特定事业所集中减算等，则可以获得"特定事业所加算"。根据具体条件，加算的单位数如下：加算Ⅰ：519单位/件；加算Ⅱ：421单位/件；加算Ⅲ：323单位/件；加算Ⅳ：114单位/件。

访问介护

"要介护1"以上的居家利用者均可利用访问介护服务,其中"家"包括低收费老人住宅和附带服务的高龄者住宅。访问介护员前往需要介护的居家利用者家中,为其提供入浴、排泄、进食的身体介护以及清洁、洗衣、烹饪等生活援助。虽然支援的地点是在家里,但包括食物和日用品等必需品的采购以及到医院就诊的外出介护也在服务范围内。

由于许多高龄者希望继续在家中生活,访问介护的需求很高,但访问介护员的数量却严重不足。根据介护劳动安定中心的调查报告,2021年访问介护员的平均年龄为54.4岁,其中60岁以上的占37.6%,55—60岁的占12.3%,是整个介护服务行业中高龄化程度最高的。在介护行业中,访问介护岗位关注度最低,招聘人数与求职人数的比率高达15∶1,访问介护体系正处于瓦解的边缘。

介护保险刚开始时,利用访问介护的人群介护度相对较低,但随着时间的推移,利用者逐渐变老,介护度较高的利用者也在增加,半失能、全失能或失智的利用者比例逐渐上升。同时,访问介护员的工作也变得更加繁重,比如遇到更多如厕失败需要清洁污物的情况。此外,由于访问介护员通常独自上门服务,遇到困难时无法得到其他护工的帮助,也无法在工作现场学

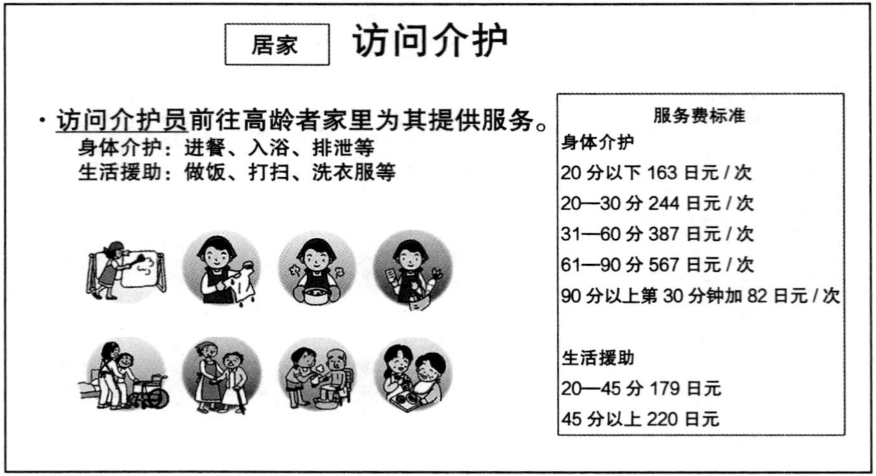

居家　　访问介护

- 访问介护员前往高龄者家里为其提供服务。

  身体介护：进餐、入浴、排泄等
  生活援助：做饭、打扫、洗衣服等

  服务费标准

  身体介护
  20分以下　163日元/次
  20—30分　244日元/次
  31—60分　387日元/次
  61—90分　567日元/次
  90分以上第30分钟加82日元/次

  生活援助
  20—45分　179日元
  45分以上　220日元

图6　访问介护图解

到新技能。遇到利用者施加暴力的情况时，介护员也很难及时得到保护。

尽管日本已经引进了外国护工，但政府目前不允许研修的外国护工参与访问介护。然而，由于访问介护员严重不足，厚生劳动省在 2024 年 4 月表示，未来如果外国护工具备一定的日语能力、参加规定的培训并满足事业所的支援体制要求，也可以成为访问介护员。随后的 6 月，厚生劳动省内部研究会决定，最快在 2025 年更改规则，降低准入门槛，届时获得介护职员初任者资格的外国护工将可以参与访问介护。此决定引发了舆论的强烈反应，因为访问介护员通常独自上门服务，在无法得到其他护工支援的情况下，语言能力有限的外国护工是否能够提供合格的介护服务仍有待观察（链接 1：访问介护服务费）。

政府每 3 年会重新调整介护服务费的单位值。自 2022 年秋季开始，日本的物价逐渐上涨，2024 年 4 月正值改订期，政府提高了日托、特养等服务的单位值，整体平均调整率为上调 1.59%。然而，访问介护的单位值却被降低了。这是因为部分大型介护机构同时经营访问介护事业所和低收费老人住宅或附带介护的高龄者住宅等公寓式居家养老设施，极高的运营效率大幅提升了访问介护事业所的利润率。2022 年度，日本全国的访问介护利润率达 7.8%，远高于全体服务类型的平均利润率 2.4%。

因此，厚生劳动省决定降低访问介护服务的单位值。然而，厚生劳动省的数据，36%的访问介护事务所处于赤字状态，这些大多是为零散利用者提供服务的小规模事业所。此次调整可能会使这些小规模的访问介护事业所更难雇到访问介护员，甚至面临倒闭的风险。厚生劳动省仅仅关注整体利润数字，而忽视了现实情况，进一步加剧了日本介护保险制度的危机。

访问入浴

日本人非常喜欢泡澡，对高龄者来说，泡澡是生活中最大的乐趣之一。即便许多利用者已经失能，他们依然渴望泡澡。然而，由于一般家庭的浴室设计并不适合失能者，使用家中的浴缸变得极其困难。为了解决这一问题，并让高龄者享受卫生和舒适的生活，访问入浴服务被纳入了介护保险服务范围。

"要支援"及"要介护"状态的利用者均可利用此项服务。对于"要介护"状态的利用者，访问入浴服务由1名护士和2名护工组成的团队提供；对于"要支援"状态的利用者，服务团队由1名护士和1名护工组成。

提供访问入浴的事业所需配备特殊车辆，这些车辆装有水槽、小锅炉等供水系统，并配备移动式浴缸。新车的价格为 250 万日元起，配置更好的车辆和供水系统则需要 400 万—500 万日元。

当访问入浴车抵达利用者家中后，护工会在利用者的房间里铺设防水布等，做好防水措施，然后将移动式浴缸搬入并放置在利用者床边，连接供水和排水软管。车上的小锅炉负责加热水，并将热水注入浴缸。

泡澡前，护士会询问利用者的身体状况并测量生命体征，确认其是否适合泡澡。随后，团队将利用者移入浴缸，帮助其洗浴。完成后，他们会给利用者擦干身体、穿好衣服，并将利用者移回床上。护士再次确认利用者的身体状况，确保没有问题后，团队收拾设备，整个过程大约 50 分钟。

此外，利用者还可以选择擦身或部分入浴的服务（链接 2: 访问入浴介护服务费）。

介护出租车

介护出租车有两种类型：一种是介护保险制度下的介护保险出租车，仅限介护保险的受益者使用；另一种是出租车公司提供的非介护保险覆盖的福祉出租车，任何人都可以使用，但需完全自费。以下介绍的是介护保险制度下的介护出租车。

介护出租车是访问介护服务的一部分。"要介护 1"

以上的居住在自己家、有料养老院、服务高龄者住宅等地的人员可以使用，但入住特养等机构的养老人员不能使用。要使用介护出租车，必须与介护支援专门员商量，并在介护计划书中详细记载后才能使用，不能随意呼叫。

使用介护出租车的目的仅限于"日常生活或社会生活中必须亲自出门的行为"，例如去医院、进行康复训练、购买眼镜或助听器、参与选举等。购买食品、参加娱乐活动等则不能使用介护出租车。

司机必须由介护职员初任者以上担任，并持有日本"普通2种"驾照。车辆配备有起重设备，让轮椅使用者能够直接上车。司机的介护范围仅限于从利用者家门口到目的地门口，不能提供目的地内的介护服务。但在前往医院时，司机可以帮助利用者付款、取药，并提供出门前后的穿衣、换衣、换尿布等支援。这些服务内容必须在介护计划中详细记载。利用者的家属不能与其一同乘车。

介护出租车的费用包括介护服务费和出租车费。出租车费由介护保险出租车事业所设定，通常与普通出租车费用相似，有时甚至更便宜。一些事业所按时间计费，具体费用需事先确认。利用者需承担100%的出租车费，而介护服务费则由介护保险支付，99单位/单程，往返按两次计算。

一般来说，介护保险出租车事业所还提供非介护保险覆盖的服务，费用由利用者全额承担。例如，参加喜事或丧事时可以使用，费用大致如下：上下车500—1500日元，在目的地陪同1000—1500日元/30分钟等。此外，一些事业所还出租介护用具，如轮椅等，价格因事业所而异，需提前确认。

日间服务（日托）

日间服务的对象是"要介护1—5"的利用者。在要介护状态下，利用者仍住在自己家中，日间服务事业所为其提供必要的日常生活介护和身心机能训练，以消除其社会孤立感，保持身心健康，并减轻其家属的介护和精神负担。

具体服务内容包括入浴、排泄、进餐等介护以及康复训练，事业所还提供接送服务。日间服务事业所通常会举行季节性活动和介护预防性的各种娱乐活动。日间服务帮助利用者外出，与人交往，有助于防止他们闭门不出或陷入孤立。

由于许多利用者无法自行前往理发馆，大部分事业所提供理发服务。然而，法律规定日间服务期间不能提供其他服务，因此严格来说，理发时间应从介护服务时间中扣除。但由于实际需求和手续复杂，厚生劳动省对此采取默许态度，因此这类服务被称为"灰色服务"。

日间服务（日托）

居家

- 当天来所当天回家。
- 提供接送服务和进餐、入浴、排泄等介护服务，进行康复训练。
- 举行季节性活动、介护预防性的娱乐活动。

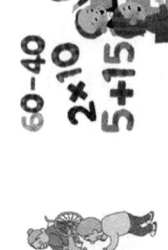

运动　　脑力训练　　康复训练

图 7　日间服务（日托）图解

此外，法律还规定没有理发师或美容师资格的人不能提供理发服务，因此介护职员不能理发，必须请外部的理发师或美容师到事业所进行服务。

根据利用者与事业所的合同，介护保险规定的日间服务时间为3—9小时。然而，大部分事业所仅提供半天（3—4小时）或全天（7—8小时）的单一时间段服务。由于日间服务需要提供接送服务，在护工短缺的情况下，频繁接送不同时间段的利用者会使护工无暇提供其他介护服务。因此，通常使用面包车或中巴一次接送多名利用者。接送车辆经常配备起重设备，以便利用者可以坐着轮椅上下车。

日间服务根据前一年度一个月的利用者总数分为四类：小规模（300人及以下）、通常规模（301—750人）、大规模1（751—900人）和大规模2（901人及以上）。服务费根据规模和利用时间计算。

事业所必须配备全职管理者、"生活资讯员"、护士、护工和"机能训练指导员"。接送服务由介护职员或专门司机负责。人员配置根据规模不同而有所差异。

此外，还有一些配备医生和机能训练指导员的日间康复服务，以及配置认知症应对型服务事业管理者，或拥有认知症介护实践者等资格的管理者的认知症对应型日间服务，这些日间服务类型具有较高的专业性（链接3: 通常型日托服务费）。

日间服务一般只提供午餐，每顿500—700日元。此外，还有各种加减算。

综合事业

原本要支援者可以利用日间服务，但由于国家预算不足，为了控制社会保障费用，2017年国家要求市町村政府实施"综合事业"，将要支援1—2级的服务从介护保险的覆盖范围中分离出来，将介护责任转移给市町村。这是一种针对要支援者的市町村版介护保险。该事业开始时，每个市町村设定自己的综合事业费，通常为原介护保险服务费的70%—80%。这一措施引发了日间服务事业所的强烈不满，因为综合事业开始后，事业所为要支援者提供的服务内容与以前相同，但收入却减少到原来的70%—80%。

财务省企图扩大综合事业的范围，并在2022年的财政制度分科会上明确了这一方向，计划将要支援1—2级的服务也纳入综合事业。然而，这一提议遭到介护事业所和业界团体的强烈反对，最终未能在2024年第9期保险计划中实现。关于是否在2027年第10期保险计划中扩大综合事业范围，目前仍存在不确定性。

介护保险外　综合事业

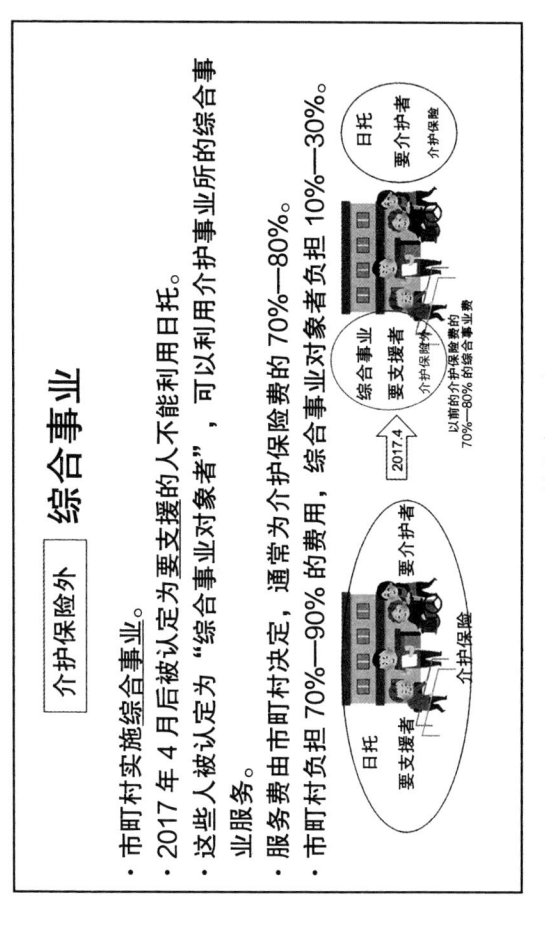

- 市町村实施综合事业。
- 2017 年 4 月后被认定为要支援的人不能利用日托。
- 这些人被认定为"综合事业对象者"，可以利用介护事业所的综合事业服务。
- 服务费由市町村决定，通常为介护保险费的 70%—80%。
- 市町村负担 70%—90% 的费用，综合事业对象者负担 10%—30%。

图 8　综合事业图解

短期入住

短期入住和日间服务的区别在于，利用者在机构内住宿1—30晚，机构提供早、中、晚三餐的饮食服务。与日间服务一样，也提供入浴、排泄的介护和接送服务。

利用短期入住服务的主要目的包括：缓解孤独感或社交隔离，通过短期入住与其他高龄者交流并参加活动；作为入住养老院前的体验，让利用者适应养老院的生活；在家属出差或旅游期间，无法照顾利用者时使用；当家属因长期介护而疲劳过度，需要休息时使用。

短期入住服务分为四种类型：独立型、并设型、独立单元型和并设单元型。独立型指单独经营的短期入住机构，并设型则是与特别养护养老院共设的短期入住服务。单元型是以10名左右的入住者为一个单元，提供服务的房间为单人间或用隔墙分隔的准单人间。事业所必须配置全职的管理者、生活资讯员、护士、护工、机能训练指导员，按照规模配置人数不同（链接4：并设型短期入住服务费）。

由于能够接收重度失能者的机构不足，短期入住服务常被用作等待特别养护养老院入住的"待机所"，因此出现了长期住在短期入住机构的"长短期入住"现象。为应对这一情况，厚生劳动省于2015年引入了长期利用减算政策，入住超过30天后，每天减算30单位。有些机构为了避免减算，在30天后将利

短期入住

居家

- 1 晚到 30 晚的短期入住。
- 提供接送服务和进餐、入浴、排泄等介护服务，进行康复训练。
- 举行季节性活动、介护预防性的娱乐活动。

接送　　进餐　　入浴　　排泄

图 9　短期入住图解

介护保险的服务类型　　085

用者临时送回家，第 32 天再接回来，重新计算入住天数。而另一些机构则选择承担 30 单位 ×30 天 ×10 日元 ＝ 9000 日元 / 月的减算费用，允许利用者继续入住。然而，2024 年厚生劳动省进一步引入了超过 60 天后的减算措施，将减算单位降至特别养护养老院的水平。

有料养老院

有料养老院（收费养老院）是根据《老人福祉法》设立的高龄者住宅，由民间企业或医疗法人经营，国土交通省主管（而非厚生劳动省）。这些养老院为入住的高龄者提供以下四种服务中的至少一种：膳食，介护（如入浴、排泄、进食等），洗衣、清扫等生活支援，健康管理。

提供介护保险服务的住宅称为"特定设施入住者生活介护"，即介护型，由厚生劳动省主管。此外，为应对日益增加的介护需求，自 2011 年起，国土交通省与厚生劳动省共同管理"附带服务的高龄者住宅"制度。据厚生劳动省统计，2022 年日本全国共有 17327 所有料养老院，附带服务的高龄者住宅则有 8154 所。这些有料养老院可能与中国人熟悉的养老院最为接近。

根据《老人福祉法》规定，有料养老院的居室

```
┌─────────────────────────────────────────────────────────┐
│ 有料养老院                    附带服务的高龄者住宅          │
│ ・有料养老院（健康型）         ・附带服务的高龄者住宅（一般型）│
│ ・有料养老院（住宅型）                                     │
│                        ┌──────────────────────────┐    │
│ ┌────────────────────┐ │ ・附带服务的高龄者住宅（介护型）│  │
│ │特定设施入住者生活介护│ │                           │    │
│ │・有料养老院（介护型）│ │                           │    │
│ │・低收费老人住宅（介护型）│└──────────────────────────┘ │
│ │                    │                                 │
│ │低收费老人住宅       │                                 │
│ │・低收费老人住宅（一般型）│                              │
│ └────────────────────┘                                 │
└─────────────────────────────────────────────────────────┘
                              ↑
                      ┌──────────────┐
                      │ 居家介护服务  │
                      └──────────────┘
```

图 10　有料养老院种类

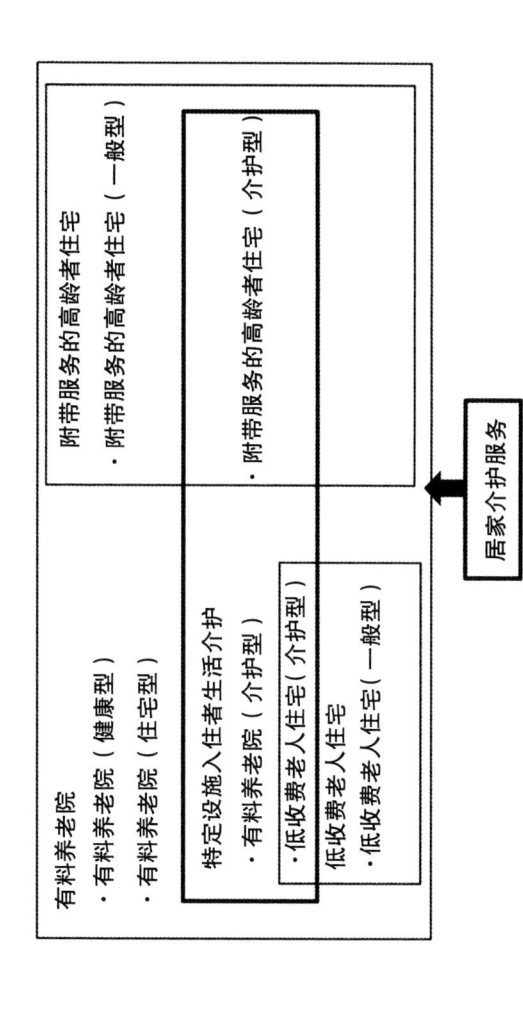

介护保险的服务类型　　　　　　　　　　　　　087

面积需不少于每人 13 平方米，并需配备厕所、浴室和更衣室、办公场所、盥洗设备、机能训练室、洗衣房、食堂、污物处理室、医务室或护士室或介护室，以及呼叫系统和自动洒水系统。大多数养老院的洗手间都设置在房间内，每 5 个人还需设置至少一间公用洗手间。浴室有几种类型：大浴场（每 10 人至少一个）、共用的私人浴室以及房间内的浴室。有些养老院还安装了特殊浴室，方便老人坐着或躺着洗澡。

公共区域通常包括食堂和机能训练室，按规定每人至少需提供 2 平方米的空间。一些房间设有厨房，入住者可以自行烹饪。大多数养老院还配备了各种娱乐室。有些高级养老院还提供温泉、游泳池、健身房、餐馆式的食堂等设施。

费用

有料养老院的收费主要包括住宿费、伙食费、管理费、水电费和杂费。收费方式分为三种，不同的养老院自行决定采用其中一种，入住者无法选择。

方式一：预付。入住前一次性缴纳预定入住期间住宿费的预付款。根据入住者的年龄、身体状况等因素，通常以 5 年为最低期限。此外，每个月还需另付伙食费、管理费、水电费等费用。如果实际入住时间超过预定期限，则无须再支付住宿费，只需继续缴纳每月的伙食费、管理费、水电费。

方式二：部分预付。入住时缴纳"入居一时金"，并进行折旧计算。退还金额按照以下公式计算："入居一时金"×（1-初期折旧率）/折旧月数 ×（折旧月数-入住月数）＝退还金额。初期折旧率和折旧月数由有料养老院决定，通常初期折旧率为10%—30%，折旧月数约为60个月（5年）。例如，某养老院的"入居一时金"为500万日元，初期折旧率为30%，折旧月数为60个月。如果入住者在入住12个月后退院，则应退还的金额为：500万日元×（1-30%）×（60个月-12个月）/60个月＝280万日元。此外，每个月还需缴纳"入居一时金"以外的住宿费、伙食费、管理费、水电费等。由于已预付了一部分，每月的住宿费相对较低。

政府规定养老院必须采取保护入住金的措施，与金融机构或保险公司签订合同，保护金额上限为500万日元。如果养老院倒闭，未折旧的入住金将退还给入住者。

方式三：月付。没有预付款，入住者按月缴纳住宿费、伙食费、管理费、水电费等费用。

伙食

对于入住养老院的高龄者来说，伙食是非常重要的因素。他们的身体状况各不相同，有些人较为健康，有些人咀嚼力下降，有些人吞咽能力减弱，还有一些人需要控制盐分或糖分的摄入。养老院必须根据个人需求提供定制化的伙食，以帮助他们摄取足够的营养，维持体力。

第二个重要因素是美食。随着年龄的增长，高龄者外出机会越来越少，吃饭成为他们生活中的一大乐趣。团块世代的高龄者年轻时正值日本经济高速发展时期，生活条件优越，因此对美食的要求也随之提高。由于有料养老院除了具备福祉功能，还具有很强的房地产属性，为了满足入住者的需求，许多有料养老院在菜单设计上费尽心思，力求提供既营养丰富又美味可口的伙食，甚至颜值也要在线。一些养老院甚至以美食为卖点，与名厨合作，提供媲美高级餐厅的菜肴。

介护型的有料养老院必须配备营养师或管理营养师。伙食的形式主要有三种：普通食、介护食和治疗食。普通食与家庭或餐馆提供的普通膳食类似；介护食是软烂饭、细碎饭、糊状饭或黏糊饭，适合咀嚼力或吞咽力下降的老人；治疗食则是根据医疗需求提供的特殊餐食，如低盐食、糖尿病食、肾脏病食和免过敏食等。

许多大企业经营的有料养老院还兼营各种居家介护事业所，形成一体化服务模式。在一个地方经营有料养老院、介护支援中心、访问介护和日间介护的服务，并通常将日间介护设置在有料养老院的一楼。这种一体化模式将入住者的介护需求牢牢掌握在养老院手中，确保他们在同一机构内得到全面的介护服务,从而实现高效运营。

类型

健康型:入住条件为60岁以上的自理高龄者。提供伙食、清洁等生活支援,并组织丰富多彩的娱乐活动。当入住者需要介护时,通常需要退院,因为此类养老院数量较少。一般来说,入住时需要支付预付款,但也有不需预付款的情况。预付款金额从零到数亿日元不等,每月的利用费用为10万—40万日元。

住宅型:入住条件为60岁以上的自理高龄者和需要介护的高龄者。入住者可以利用介护保险提供的居家服务,但养老院本身不提供介护服务。虽然没有法律上的人员配置标准,但厚生劳动省建议配置管理者、生活资讯员、营养师和厨房人员。此类养老院主要面向"要支援1—2"的介护预防高龄者和"要介护1—2"的轻度失能高龄者。虽然有些可以接受"要介护3—5"的重度失能者,但一般来说,当入住者变为重度失能时,需要转到特别养护养老院等专为重度失能者设计的机构。

住宅型占有料养老院总数的40%(不包括附带服务的高龄者住宅)。通常需要支付预付款,金额为0—350万日元,每月的利用费为6万—15万日元。入住者利用介护保险服务时,需要与外部的介护事业所签订合同,并支付相应的介护保险费用。

介护型：是利用介护保险社区养老的"特定机构入住者生活介护"服务，分为混合型和专门型两种类型。混合型的入住条件为65岁以上，既包括需要支援的高龄者，也包括需要介护的高龄者。夫妻中如有一方需要支援或介护，另一方可以自理的，也可以共同入住。专门型的入住条件则是65岁以上，并且需要达到"要介护1"以上的标准。原则上，介护型养老院是为终身利用而设计的，符合上述条件的认知症患者也可以入住。介护型养老院占所有有料养老院的60%（不包括附带服务的高龄者住宅）。医疗服务不包含在此类养老院的服务范围内，因此需要与外部医疗机构联系（链接5："特定机构入住者生活介护"的人员配置标准）。

养老院提供的介护服务分为两种类型：由养老院内部人员提供的"一般型"，以及委托外部人员提供的"外部型"。入住者必须使用养老院自身或其委托的介护事业所提供的服务，不得选择其他介护事业所的服务。

介护型有料养老院的费用通常包括预付金，金额为0—1500万日元。每月的平均利用费为15万—30万日元，费用中已包含基本的介护保险支出。若介护服务费用超出介护保险的限额，入住者需自行负担超出部分的100%（链接6:基本报酬）。此外，还需加上各种附加费用。对于要介护5级的利用者，总费用大约为3万日元。

问题

有料养老院种类繁多，同类养老院之间的价格也存在差异，这使得入住者在选择时面临困难。

这些养老院基本上为自理或轻度失能者提供住所和服务，但当入住者变为重度失能者时，由于人员和设备有限，养老院难以提供适合的介护服务。例如，入住时能够自理的老人，几年后被认定为"要介护3"，无法自行如厕或入浴，而在缺乏设备和技术的情况下，介护职员要提供排泄和入浴介护非常困难，这也增加了发生介护事故的风险。

随着高龄化的快速发展，各类介护型有料养老院也在不断增加。然而，护工的培养速度远未能跟上养老院扩张的步伐，导致护工短缺问题越发严重。

低收费老人住宅（一般型、介护型）

低收费老人住宅在功能上与有料养老院类似，但费用更为低廉。其运营主体主要为社会福祉法人或医疗法人，具有较强的公益性。这类老人住宅的数量相对较少，由于费用较低，因此非常受欢迎，通常需要等待几个月到1年以上才能入住。

介护型老人住宅提供特定机构入住者生活介护，其介护服务内容、人员配置及费用标准与介护型有料养老院相同。预付金为0—30万日元，每月的利用费用为8万—13万日元。

附带服务的高龄者住宅

附带服务的高龄者住宅，简称服高住。由于高龄者在租房时往往面临房东因担心风险而拒绝租赁的情况，尤其是对于收入较低且身体逐渐衰弱的高龄者，为了解决这一问题，国土交通省与厚生劳动省联合监管，从2011年开始，为需要较轻介护的高龄者提供附带服务的入住型设施。这些服务并不属于介护保险范围，而是以安全确认为主，每天至少通过巡视或感应器确认入住者的状况，或提供生活资讯服务。介护服务则需与外部的居家介护事业所另行签订合同。此外，服高住还常常提供各种娱乐活动，旨在通过刺激脑力和身体活动，预防介护度的恶化。

服高住主要面向能够独立生活的独居或空巢高龄者。入住合同基本与普通的租房合同相似，但除了需要"连带保证人"，还要求有"身元引受人"，负责在出现金钱问题时处理事务，以及在发生孤独死等情况时处理相关事宜。如果难以找到连带保证人和身元引受人，可以利用高龄者住宅财团或保证协会等提供的房租债务补偿制度（类似于保险制度），年保证费是半个月至一个月的房租。

设施条件要求居室面积须达到25平方米以上，并设有厨房、卫生间、收纳设施、洗漱设施和浴室。建筑本身必须为无障碍设计，如走廊宽度不低于78厘米，房门宽度不低于75厘米，地面无台阶，并安装扶手等。

附带服务的高龄者住宅提供安全确认和生活资讯服务，并可根据需求提供外出陪同和餐饮等附加选项，入住者可以享受较高自由度的居家生活。

服高住的入住条件包括：一般型适合自立者和要支援者入住，基本上不接收认知症患者。介护型适合自立者、要支援者及认知症患者入住。二者的共同条件为：60岁以上的独居老年人，或与配偶、60岁以上的亲戚、已被认定为需要介护或支援的亲戚，或由县知事承认的有特殊原因需与共同居住的人一起生活的60岁以上的老年人。被认定为要介护的40—59岁人群也可入住。目前由于独居问题日益受到关注，选择入住的老年人逐渐增多。此外，夫妻既可以选择一起居住，也可以选择分别入住单间。

80%的设施为一般型，介护服务需另行与外部介护事业所签约；20%为介护型，设施自身提供介护服务，内容与有料养老院（介护型）相同。随着认知症患者的增加，介护型设施也在增多。介护型设施的介护服务内容、人员配置及介护服务费均与有料养老院（介护型）相同。

附带服务的高龄者住宅的住宿费由事业所自行决定，介护部分费用通过利用介护保险进行结算。初期费用为10万—50万日元（押金，为2—3个月的住宿费），部分事业所还要求额外的保证金。每月的费用包括住宿费、伙食费、管理费、水电费、生活支援服务费及日用品费。一般型每月费用为10万—30万日元；介护型为10万—30万日元，另需加上介护保险自付部分。

特别养护养老院

特别养护养老院，简称特养，是介护保险下的"介护老人福祉设施"，专为"要介护3"以上的重度失能高龄者提供介护服务，仅由社会福祉法人经营。该类型的养老院始于1963年《社会福祉法》制定之时，是历史最悠久且最权威的养老机构类型。在特养机构工作的护工通常被视为介护技术最佳的从业者。

类型

特别养护养老院分为"本来型"（传统型）和"单元型"两种。本来型养老院以多人房为主，通常为4人房，也有6人房、双人房和单人房。入住者的人均房间面积须达到10.65平方米以上。食堂、厕所和浴室大多为公用设施，除普通浴室外，还配有专为行动不便者设计的特殊浴缸。房间按照性别分配，但在夫妻双方均达到"要介护3"以上且该机构具备双人房的情况下，夫妻可以同住一室。入住者白天在房间内集体生活，餐时前往食堂用餐，这种生活方式几乎没有隐私可言。

在传统的本来型养老院中，护工与入住者的介护关系通常为"多对多"的模式，护工难以深入了解每个入住者的性格和身体状况，因此难以提供个性化的介护服务。随着时代的发展，隐私需求日益增加，集体生活的模式逐渐落伍。为此，厚生劳动省于2003年引入了荷兰的"单元介护"理念，并在介护保险制度中引入了单元型特别养护养老院。

单元型养老院的设计理念是将9名左右的入住者划为一个单位（2021年法律修改后上限为15人），房间围绕单元大厅配置，通常为单人房，部分房间设有独立的盥洗台和厕所。单元型房间的面积要求与本来型相同，均须达到10.65平方米以上（不含厕所面积）。若房间内无厕所，可使用单元大厅内的公用厕所。单元大厅还设有个人浴室，并安装有适合行动不便者使用的特殊浴缸。

为了使入住者能够过上更有烟火气的生活，单元大厅内配备了简易的厨房设施，护工会在单元内烹制米饭和味噌汤等基础饭菜，其余菜肴则由机构的大厨房统一制作并分发。有些入住者喜欢帮助护工准备餐食，这也被视为一种机能训练。入住者可以根据自己的意愿起床，并在单元大厅内活动，用餐时间也相对自由，生活方式更加接近家庭生活。

单元型模式将护工与入住者的关系转变为"少对少"的模式，使护工更容易了解每个入住者的性格和身体状况，从而更好地提供个性化的介护服务。单元型特养的管理者和单元管理者必须接受"单元介护设施管理者"和"单元主任"的专门培训。

此外，还有一些本来型的多人房被改造成了单元型的单人房。这类房间如果未完全隔开，如顶部仍保留连通空间，则称为"准单元型"，正式名称为"单元型单人房式多床室"，这一名称较为拗口。如今新建的特养养老院基本上都采用单元型设计，单人房的设计对于感染症的应对也更为有利。

服务和费用

特养是专门为重度失能和失智者提供服务的设施，提供最完整的介护服务。然而，尽管其服务质量高，厚生劳动省制定的收费标准并不昂贵，入住时也不需要预付金。因此，许多人都希望入住。为了确保公平，厚生劳动省规定，特养必须召开"入住判定委员会"，以公正地判定优先入住的对象。比如，如果介护度为3的A先生先提交申请，之后介护度为5的B女士申请，B女士可能会因其较高的介护需求而在等待名单上处于优先位置。

　　根据厚生劳动省的调查，2022 年介护度 3—5 的特养等待人数为 25.2 万人，而介护度 1—2 的特例入所等待者则为 2.2 万人。在特殊情况下，需低度介护的介护度 1—2 的人也可以申请入住。只要市町村政府同意特例并通过判定委员会的审核，他们也可以入住。此外，如果介护度 3—5 的入住者在入住后身心状况改善，介护度降低为 1—2，依然可以继续留在特养。由于特养的入住者大多为介护度 3—5 的重度失能或失智高龄者，2023 年厚生劳动省的统计数据显示，特养入住者的平均介护度为 3.94，平均年龄为 82.8 岁，其中男性为 79.7 岁，女性为 83.7 岁。他们需要全面的身体介护和生活支援。

　　身体介护必须由专业的介护职员执行，而部分特养设施也会配备介护助手，负责清洁、洗衣、换床单等身体介护以外的生活支援服务。此外，还有生活资讯员，他们的工作类似于礼宾人员，负责处理入住者及其家属在入住前后的各种咨询和手续办理，直到退所为止。他们还与特养的其他工作人员或外部医疗福祉部门合作，解决问题，并通过生活资讯员将通知传达给入住者和家属。特养机构还配置了介护支援专门员，大多数情况下，他们兼任介护职员或生活资讯员的工作，并负责制订每位入住者的介护计划。

　　介护服务根据这些计划进行，主要的身体介护内容包括进食、排泄、入浴、床与轮椅之间的移位、床上体位转换、服药、清洁耳朵、剪指甲和刷牙等。吸痰和胃瘘管饲等属于医疗行为，必须由护士或经过专门培训的介护职员进行。

认知症介护也是非常重要的一部分，大部分入住者患有不同程度的认知症。随着高龄化的加剧，认知症患者的数量和严重程度不断增加，因此厚生劳动省致力于构建认知症应对体系。介护事业为护工提供了四种培训，包括认知症介护基础研修、认知症介护实践者研修、认知症介护实践者主任研修和认知症介护指导者养成研修。此外，还设置了各种认知症相关的加算制度。

临终关怀服务是特养设施中一项至关重要的服务。由于特养被视为"最后的家"，因此在入住时，工作人员会向入住者及其家属详细说明临终关怀服务内容，即在入住者身体衰弱时，是选择在养老院安然终老，还是转至医院接受医疗服务。入住者及家属在确定临终关怀方式后，需要在同意书上签字确认。有30%—40%的入住者选择临终关怀服务。而那些未选择此服务的入住者，一旦健康状况恶化，则会退所，并转至医院或介护医疗院。对于选择了临终关怀的入住者，当医生判断其病情无法恢复时，便会启动临终关怀服务，以缓解入住者身心的痛苦。例如，护工会通过多与入住者交谈、不让其感到孤独，以及轻抚身体疼痛的部位来提供关怀。

在临终关怀期间，入住者的家属通常会频繁探访，护工也会与家属多沟通，缓解他们的焦虑与心理负担。

入住者去世后，医生会确认其死亡，随后遗体被送回家中或殡仪馆。临终关怀往往对没有经验的护工产生较大冲击，因此对护工的心理健康护理也十分重要。不过，许多护工在经历过临终关怀后表示："这是护工工作中的宝贵经历，使我更加体会到介护的价值。"在提供临终关怀服务时，还会有额外的加算。

根据法律规定，没有理发师或美容师资格的人员不得提供理发服务，因此介护职员不能为入住者理发。一般情况下，特养机构会委托外部理发师或美容师来进行理发服务。尽管法律规定理发师和美容师应在理发室或美容室提供服务，但特例允许他们到养老设施等机构提供上门服务。有些特养机构还设有专用的理发室，入住者需要自行承担理发费用。

娱乐活动和季节性活动在特养中同样重要。尽管这些活动无法申请服务费加算，但它们不仅具有娱乐性质，还能锻炼入住者的脑力和体力，对于保持身心健康具有特别重要的作用。特养机构通常会在节日时安排入住者与厨房合作制作节庆美食、举行生日会等活动，为单调的生活增添色彩。

社区的各种团体的志愿慰问活动也是特养生活中不可或缺的一部分。其中，最受欢迎的是幼儿园的孩子们和老师前来慰问，他们会唱歌、为入住者捶肩、陪伴聊天等。其次受欢迎的是动物疗法,宠物主人带受过训练的动物前来陪伴入住者,以狗为主,也有猫、兔子等。与老师一同唱歌的音乐疗法也深受欢迎。此外,还有舞蹈、魔术等各种表演,通常免费或收费较低。然而,在新冠疫情期间,这些活动完全停止,入住者度过了一段相对枯燥的时光。

在医疗方面,特养设施必须设有医务室,并与外部医院合作,形式上将医务室作为医院的卫星诊疗室,并向保健所申请开设。医务室由执业医生管理,医生会在每周规定的时间来医务室为入住者进行诊疗。药品由护士管理并锁在医疗室内,介护职员则协助入住者服药。如果入住者在医生不在时生病或受伤,护士会根据医生的电话指示进行处理,若超出护士处理范围,则医生会前来或指导护士呼叫救护车。

在康复方面,特养机构需要配备机能训练指导员,通常由具有医疗资格的护士或理疗师担任,负责为入住者进行身体机能训练。

一些特养机构还配备牙医和牙科卫生士,实施口腔护理,预防蛀牙和牙周病,并进行恢复咀嚼和吞咽功能的训练。提供口腔护理服务时也会有加算。

为了给入住者提供一日三餐,特养设施必须设置厨房。虽然单元型特养设施的单元大厅内配有简易厨房设备,主要用于煮米饭等辅助功能,但单元型设施依然需要配备主厨房、营养师或管理营养师,以及厨房人员。若配置管理营养师，还可以获得营养管理方面的加算。厨房还需要指定"食品卫生责任者"，通常由（管理）营养师兼任，因为营养师资格中已包含食品卫生责任者资格。厨房人员不需要具备厨师资格，但在厨房工作两年后，可以获得参加国家厨师考试的资格。有些厨房人员已经取得了厨师证。虽然厨房的运营可以委托外部餐饮服务公司，但营养师必须是特养设施的内部人员（链接7：特养机构的人员配置标准）。

特养设施不收取预付金、押金等费用。入住者仅需支付每月的介护服务费、伙食费、住宿费和杂费（链接8：介护服务费）。介护服务费根据入住者的实际情况还可加算。特养设施可以自行设定住宿费和伙食费，但大多数特养设施采用厚生劳动省发布的与联动利用限度负担额制度相一致的标准费用（链接9：标准费用额）。杂费包括理发费、娱乐活动费等。尿布费用由特养设施承担。入住者如需使用医疗服务，医疗费用由医院收取。如果入住者的自付比例为10%，且不使用限度负担额制度，本来型特养的月费用约为10万日元，单元型特养的月费用约为13万日元。

问题

根据厚生劳动省的调查，2022年全日本1.6万所特养设施的利润率为–1.0%，这一结果主要归因于人事费用的增加以及2022年开始的物价迅速上涨。为应对这一情况，厚生劳动省对 2024 年的介护报酬进行了调整，基本报酬提高了 1.59%，每位介护职员的待遇改善加算了 6000 日元/月。然而，这样的提升力度效果微乎其微，某种程度上，现行的介护保险制度依然依赖于护工们的爱心与奉献精神。

由于特养的入住者大多需要高度介护，因此介护工作不仅需要丰富的知识和技术，工作负担也比其他介护服务更重。此外，护工还需要轮班，包括夜班和新年等节假日的值班。除了那些具有爱心并且有志于学习介护知识和技术的护工，鲜有人愿意从事这样的工作，这使得特养成为介护人员最短缺的机构之一。虽然特养护工的介护技术在日本处于领先地位，但仍有许多需要改进的地方。

介护老人保健设施

介护老人保健设施，简称老健，是为要介护度 1 以上的高龄者提供机能训练和康复训练的养老机构，专门接收从医院出院后准备回家的老人。由于机能训练属于医疗范畴，因此只有医疗法人或社会福祉法人才能经营此类设施，且医疗法人经营的比例更高。老健的院长必须具备医生资格。在老健中，护士的比例较介护职员更高，且配备了物理治疗师、职业治疗师等康复专家，通常还设有"日间康复事业所"。

当高龄者因疾病或受伤而长期住院后，无法立即回归普通生活时，可以选择入住老健。入住者在介护计划的指导下，一边接受介护服务，一边进行机能训练。老健是一种短期入住型设施，原则上入住期限为3个月。然而，一些长期住院导致身心状态恶化的高龄者，即使在老健接受了机能训练，也未能恢复到能够回家生活的状态。对于这类入住者，他们可能需要转入特养或有料养老院等其他设施，因此未能按期退所。实际上，老健已演变为中短期入住设施，常有入住一年半载不退所的情况。对于需要高等级介护的老人，在入住老健的同时，就必须开始寻找退所后的去处。

为了督促老健尽早完成入住者的机能训练，使他们能够尽快退所，介护保险制定了"回家、居家疗养支援指标"，具体包括以下内容：1.回家率；2.床位回转率；3.入住前后访问指导率；4.退所后访问指导率；5.居家服务实施次数；6.康复专职人员（物理治疗师、职业治疗师、视觉训练师、言语听觉师）的配置率；7.支援资讯员的配置率；8.要介护度4和5的比例；9.吸痰的实施率；10.胃瘘管饲的实施率。根据这些指标的总得分，老健设施被划分为基本型、加算型、强化型和超加算型，得分越高，获得的介护报酬也越多。未达到标准的设施则被归类为其他型。此外，还有一种疗养型老健设施，在提供机能训练的同时，也提供其他医疗服务。

老健的房间称为"疗养室",有单人房、双人房、4人房等。其基本设施与传统型特养差不多,最大的区别在于老健的机能训练室配备了丰富的康复设备(链接10:老健人员配置标准)。

入住时不需要预付金等费用,利用者只需自行负担伙食费、住宿费和杂费。入住1个月的费用为7万—22万日元,具体费用根据介护度、机能训练的类型以及房间类型的不同而有所浮动(链接11:老健服务费)。

小规模多机能居家介护

小规模多机能居家介护是一种社区型的介护保险服务,简称小多机,在日语中被称为"地域密着型"服务。类似于中国的养老驿站,小多机由单一的事业所提供包括日托、住宿和访问介护在内的一条龙服务。以日托服务为主,住宿服务为辅,并在需要时提供访问介护服务。以往的居家养老服务中,利用者需要在访问介护、日托和住宿等服务中进行选择,如果利用者的介护度上升,需要其他类型的居家服务时,往往不得不重新寻找新的介护事业所,这既耗时又费钱。此外,利用者可能会因为离开熟悉的护工和环境而感到不安,需要重新适应新的事业所。为了解决这一问题,从2006年起,小多机作为一种一条龙服务的介护形式开始出现。

小多机的利用条件为"要支援1"以上,且居住在事业所所在市町村的居民。一般事业所会设置登记定员,即该所能够服务的最多人数,但小多机的利用者并非每天都来,因此每天会设定具体的利用定员数。

介护计划由小多机的介护支援专门员制订,介护服务基本上在小多机内完成,并灵活地安排访问介护、日托和住宿的组合。服务费用为每月固定费用,无须考虑支付限度额,利用者可以自由地享受各种服务。但住宿费和伙食费则需由利用者自行负担。

为了满足希望独立生活的入住者需求,小多机在受市町村指定时,可以开设"卫星型"机构。"卫星事业所"是距离"本体事业所"车程20分钟以内的租赁公寓等场所组成的单位,每个卫星所为1个单元,每个单元由5—9个单人房构成,可容纳5—9名入住者。本体所与卫星所之间保持密切联系,利用者在白天可到本体设施参与集体活动,与其他入住者互动交流,并在有问题时随时获得本体事业所员工的支持(链接12:小多机人员配置标准)。

对于需要紧急利用小多机服务的其他介护服务利用者,例如,因家属生病而陷入无人照料的情况下,可以短期入住小多机,入住时间为1—7天,特殊情况下最长可达14天。

当住宅型有料养老院等在同一建筑物内设有小规模

多机能居家介护时，小多机的费用单位将减少约10%，被视为独揽利用者。利用者还需自行负担伙食费，每天为1500—1800日元，住宿费每天2000—5000日元，具体金额根据所在市町村的不同而有所差异。此外，还有各种杂费需自行承担（链接13：小规模多机能服务费）。

小多机由于制度上的限制，导致了一些经营问题。为了在社区中提供深入服务，小多机的登记定员为29人以下，其中日托1天的利用定员为18人以下，住宿入住的利用定员为9人以下，规模较小。厚生劳动省在创立小多机时，设想的平均介护度为3.5，但到2020年，实际平均等级为2.4，利用者主要是居家养老中介护度较低的人群，因此客单价较低。根据厚生劳动省的调查，2019年有51.8%的小多机处于赤字状态，经过改善措施后，2020年的赤字率下降至40.4%（福祉医疗机构调查），入住率为80.9%，虽然有所改善，但仍面临困难。我认为小多机是一种理想的服务模式，但在现行制度的限制下，无法充分发挥其作用。

集体之家

集体之家模式起源于瑞典的集体生活社区型"认知症应对型共同生活介护设施"，其代表、管理者及介护计划制订者均需具备指定的认知症相关资格。

集体之家的居住环境有点类似于单元型特养，因认知症患者对生活环境的变化非常敏感，容易产生不安情绪，所以其他入住者变动较少的环境更为有利。5—9人的小单元由于人数少，入住者之间更容易相互熟悉。

每个集体之家最多可设置3个单元，总定员不超过27人。入住条件为"要支援2"以上，并经医生诊断为认知症，能过集体生活，且居住在事业所所在市町村的居民。一般来说，集体之家不接收无法过集体生活的认知症患者及重度失能者。入住后若出现以下情况，合同将终止，并需要退所：有暴力、辱骂等行为，给其他入住者带来困扰；长期住院；需要医疗护理；未能支付利用费用等。

入住者在接近自己家的环境中进行集体生活，通过打扫、洗衣等家务活动，刺激大脑，以延缓认知症的进程。在需要时，护工会提供相应的介护服务。近年来，越来越多的集体之家参与社区活动，例如街道清理志愿活动、地区的季节性活动等，这些活动不仅丰富了入住者的生活，也让社区居民对认知症患者有了更多的了解，并获得应对认知症的相关资讯。

与小规模多机能居家介护事业所相似，为了满足希望独立生活的入住者需求，集体之家在市町村的指定下，也可以设立"卫星型"设施。在距离本体事业所车程 20 分钟以内的地方租赁公寓等，设立卫星事业所，其定员为 5—9 人，每个入住者都有单人房。本体事业所与卫星事业所的单元总数不超过 4 个。本体与卫星之间保持密切联系，利用者可以在本体设施中生活，与其他入住者交流，有问题时可以随时联系本体事业所的员工以获得支援（链接 14：集体之家人员配置标准）。

由于集体之家是提供集体生活的场所，因此不提供医疗服务，人员配置标准中不包含护士。但一些集体之家为了方便入住者，并获得额外补助，配置了护士。

其他介护服务的利用者如果需要紧急利用集体之家，可以短住 1—7 天。与小多机不同，集体之家在任何情况下最多只能短住 7 天。

部分事业所可能要求预付金，金额为 10 万—20 万日元。利用者需自行负担伙食费，每天为 1500—1800 日元，住宿费根据所在市町村的不同而有所差异，此外还包括水费、煤气费及其他杂费，总计每月为 12 万—25 万日元，具体金额视介护度和居住地而定（链接 15：集体之家服务费）。

福祉用具租赁

福祉用具租赁是一项介护保险下的居家服务。为了尽可能在自己家中安逸生活，并减轻家人的介护负担，利用者可以租赁福祉用具。首先，需要与介护支援专门员进行咨询。专门员和租赁事业所的福祉用具租赁资讯员将根据利用者的身心状况、意愿及居住环境，帮助选择最合适的福祉用具。福祉用具租赁资讯员会提出福祉用具租赁计划书，经介护支援专门员制订介护计划后，利用者即可租赁福祉用具。租赁事业所负责安装并说明使用方法等。

可租赁的福祉用具有11种，包括特殊床及其附属品、防止褥疮用具、体位转换器、扶手、斜坡板、轮椅及其附属品、助行器、拐杖或多爪手杖、介护起重器、徘徊感应器及自动排泄处理机。根据介护度的不同，可租赁的用具种类也有所不同。

租赁价格由福祉用具事业所决定。一个月的租赁费用为300—1.5万日元，像拐杖等较为便宜，而介护起重器、自动排泄处理机等设备则较为昂贵。为了保护利用者的利益，日本政府规定公开全国的平均租赁价格，福祉用具专门指导员必须向利用者说明平均价格，并设定租赁价格的上限。根据介护保险的负担比例，利用者需自行负担费用的10%—30%，超过限度额的部分则需全额自费。对于没有介护等级的人士，也可以选择租赁

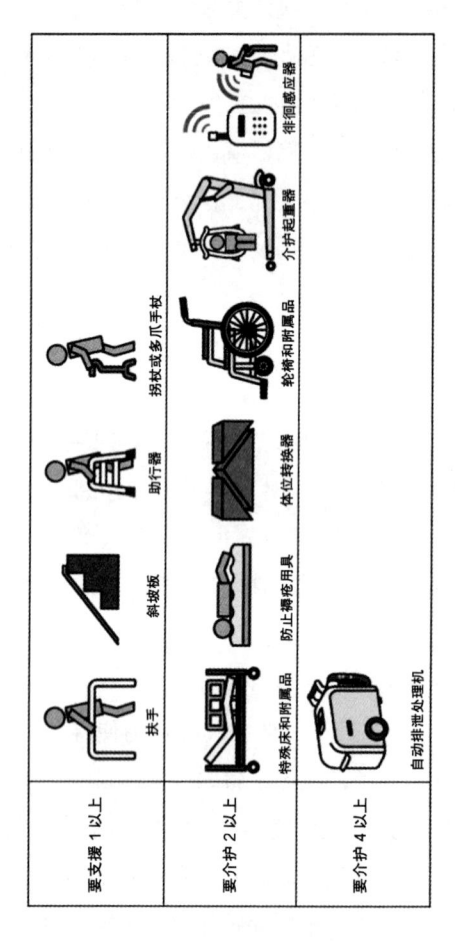

要支援1以上	扶手	斜坡板	助行器	拐杖或多爪手杖
要介护2以上	特殊床和附属品	防止褥疮用具	体位转换器	轮椅和附属品 / 介护起重器 / 徘徊感应器
要介护4以上	自动排泄处理机			

图 11 可租赁的福祉用具

福祉用具，但需承担 100% 的费用。

福祉用具贩卖

福祉用具贩卖是介护保险下的居家服务之一，销售的福祉用具主要是与利用者身体直接接触的用品及其附属品。

贩卖价格由福祉用具事业所决定。与租赁不同，政府并未公开全国的平均销售价格，但有些地方政府会自行公开该地区的平均销售价格。

"要支援1"以上的人员可以使用此服务。想购买福祉用具时，需先与介护支援专门员咨询。专门员与福祉用具租赁事业所会根据利用者的身心状况、意愿及居住环境，帮助选择最合适的福祉用具。福祉用具租赁资讯员提出福祉用具贩卖计划书，在介护支援专门员制订介护计划后，即可开始服务。

为了尽可能在家中安逸生活，并减轻家人的介护负担，利用者可以购买指定福祉用具贩卖事业所销售的不适合租赁的排泄、入浴等福祉用具。

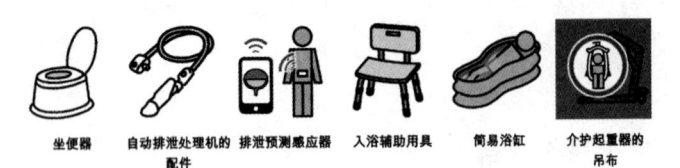

坐便器　自动排泄处理机的　排泄预测感应器　入浴辅助用具　简易浴缸　介护起重器的
　　　　　　配件　　　　　　　　　　　　　　　　　　　　　　　　　　　　　　吊布

图 12　可贩卖的福祉用具

利用者需先自行从指定的福祉用具贩卖事业所购买用品，然后向市町村或市町村指定机构申请报销。每年报销上限为 10 万日元，按照介护保险的负担比例，保险可给付 70%—90% 的费用。

住宅改造

利用介护保险，居住环境可以进行无障碍化改造。"要支援 1"以上的人员可以利用此服务。改造内容包括安装扶手、填平地面高低差、浴室等处的防滑措施、平开门改为推拉门、蹲坑改为坐便马桶等，以及上述改造时所需的相关工程。

想要改造住宅的利用者，需要先向介护支援专门员咨询，从建筑公司获取改造的报价单后，再向市町村提出申请。"改造住宅理由书"是申请必备的文件，通常由介护支援专门员撰写，也可以由社会福祉士、福祉居住环境协调师（2 级以上）、物理治疗师等专业人员书写。申请获批后，可以进行住宅改造。改造完成后，利用者需先行支付费用，然后将收据提交给市町村以申请保险给付。

"要支援1"以上且住宅地址与介护保险登记地址一致的人员可以利用该服务。入住介护机构者无法使用此服务。通常情况下，每人只能使用一次该服务，上限为20万日元，自行负担10%—30%，超过20万日元的部分则需自行承担。

延伸阅读

典范的不合理性

我曾参加庆应义塾大学菊泽研宗教授的成人教育课，他的研究领域包括经营哲学、公司治理以及企业动态能力。在一堂主题为"企业动态能力与日本式失败、典范的不合理性及其解决方法"的课上，他布置了一项作业，要求我们举例说明典范的不合理性。我写了以下这个例子。菊泽教授评价道："看法独特，非常有意思。"在此与各位读者分享。

典范的不合理性例子——抱起来的介护

1963年，《老人福祉法》施行，开始了"措置制度"的介护。当时，地方政府评估并决定个人是否需要介护，一旦确定需要，政府便为其提供"公助"式的介护服务。然而，由于这种制度缺乏服务意识，问题随之而来。

2000年，《介护保险法》施行，制度由"措置制度"转变为介护保险制度。这是一种互助制度，利用者与介护事业所签订自由合同，介护事业所因此增加了服务业的成分。尽管制度发生了变化，但介护事业所的管理人员和护工未能立刻引入服务意识，仍然延续了过去缺乏服务意识的做法。

为了提升服务质量，介护行业提出了"家庭氛围"和"温暖的人手介护"的理念，并逐渐成为主流思想。至今，许多介护事业所仍不引进福祉用具，而是坚持抱起来的介护，认为这种方式才是真正温暖且有情感的优质介护。

然而，抱起来的介护将护工的手和手臂的压力集中在利用者的身体上，可能导致皮下出血等问题。对于护工而言，由于需抬起30公斤以上的利用者（日本80岁以上女性的平均体重为48公斤），因此增加了腰痛的风险。此外，还可能发生介护事故，如利用者跌落导致骨折等。

在欧美国家，为了避免这些问题，从1998年前后开始，广泛推广了合理的安全患者护理（SPH）理念，并禁止抱起来移位，倡导使用介护起重器等福祉用具进行安全介护。通过使用介护起重器，吊布可以将利用者的身体温柔地包裹起来，分散压力，减轻身体负担，使利用者更加舒适。同时，护工无须手抱利用者，从而避免了腰部的压力。只要确保安全并维护设备，就能有效防止介护事故。

相比之下，在日本，"身体力学"理念开始流行。这是一种调节神经、骨骼和肌肉系统之间力学关系的方法，旨在减轻护工负担。虽然护工确实需要掌握人体工学，但无论利用者多么轻，手抱30公斤的重量仍然给护工带来不小的负担。因此，单靠实践身体力学来减轻护工负担只是一种理想化的做法，无法切实预防腰痛。事实上，根据日本工业事故预防协会的调查，

2019年，日本71%的护工患有腰痛。

厚生劳动省认为护工的高腰痛率是一个重大问题，因此在2013年修订了《工作岗位的腰痛预防对策指南》，提倡介护事业所引进福祉用具。然而，介护事业所在引进福祉用具时面临多种阻力，包括：1. 引进福祉用具的财务成本；2. 即使购买了福祉用具，若未被使用，则成为沉没成本的风险；3. 学习使用福祉用具及相关安全措施的培训成本，以及不进行培训时发生事故的风险；4. 员工因拒绝学习新技术而离职的风险，以及因此产生的招聘成本；5. 护工认为手抱式介护比使用福祉用具更快，因而轻视腰痛风险；6. 利用者和护工认为使用福祉用具进行介护缺乏人情味，且对其心存恐惧，从而产生心理负担。

由于以上种种原因，介护事业所往往倾向于回避交易成本（说明、说服等的时间成本）和各类风险，而认为不引进福祉用具更为合理。这种典范的不合理性导致很少有介护事业所引进福祉用具。根据金城大学社会福祉学部助教秋山阳子的2019年调查，在北陆三县的特养设施中，仅有10%引进了介护起重器（且并非一定使用）。

此外，虽然《工作岗位的腰痛预防对策指南》指出需要对工作姿势和动作进行评价，但大多数工作场所仍忽视利用者的安全与舒适，信奉身体力学便能减轻护工负担，或者选择不做改善，继续进行体力劳动，最终形成了手抱式介护的典范。

近年来，厚生劳动省寄希望于介护机器人能够推动这一典范的转变，因此积极推进介护机器人的开发、实验与引进。然而，目前真正令人满意的介护机器人仅限于一些传感器型机器人，这些机器人可以减轻一些外围工作的负担，但尚未开发出易于操作且能够完成移位、进食、排泄、洗浴等主要介护任务的机器人。因此，机器人尚未成为推动典范转变的催化剂，抱起来的人工介护依然占据主流地位。

社会福祉法人喜寿会成立于1992年，主要为全失能高龄者提供以特别养护养老院为主的介护服务。该法人创立于介护保险制度实施前的"措置制度"时期，当时仍然采用手抱式介护。然而，自我于2015年担任院长后，开始全面推行改善措施。在为员工安排培训等准备工作后，2017年我们提出了"科学介护""优质介护"以及"让利用者和护工双方安全、安心、安逸的介护"的理念，并启动了"腰痛预防项目"。

首先，我们引进了电脑办公系统和iPad等电子设备，以加强信息沟通系统。尽管一开始遇到了护工的反对声音，如"我不懂电脑""我是翻盖手机派的人""我不想学习新东西"等，但我通过巨大的交流成本，一一击破了这些反对意见。

不久之后，那些率先体验到电子设备能减轻工作负担的护工开始积极使用办公系统和iPad，这种积极性逐渐扩展到其他护工，形成了一种"先逸论"的现象，即越早引进新技术，越早减轻负担，享受工作带来的轻松感。

接下来，为了减轻护工的身体负担，我引进了介护起重器等福祉用具。尽管这些用具非常实用，但仍有一大批护工反对使用新的福祉用具，理由包括"我不喜欢学习新的东西""抱起来的介护更快""利用者害怕使用福祉用具"等。面对这些反对意见，我再次通过巨大的努力逐一击破，最终也实现了"先逸论"的效果，使这些用具逐渐普及。

之后，我引进了步话机，但依然遇到反对意见，如"我的声音够大，不需要步话机""戴耳机会让我耳朵疼"等。经过类似的过程，我再次付出交流成本，最终实现了步话机的普及。

就这样，"引进新概念和工具→支付交易成本→先逸论→普及"的过程反复发生，每次都需要付出巨大的努力和交流成本。经过无数次的尝试，腰痛预防项目逐渐发展为将SPH理念、福祉用具、介护机器人和电子设备有机结合，成功减少了护工的腰痛和利用者的皮下出血等问题。

因此，养老院喜寿会于2018年被富山县社会福祉协议会指定为"腰痛预防对策福祉设施"，并于2019年和2020年连续两年获得"富山县最上进的介护事业所县知事奖"，同时也受到了电视、报纸等媒体的广泛关注。2021年1月,我在厚生劳动省的介护机器人全国论坛上做了实践报告,汇报了典范转移的成果。

日本最high养老院

文/凌云

日本有一家规模极大的日托养老院,宛如一个巨大的游乐园,为老人们提供超过250种康复项目,设有天然温泉浴场,甚至还逆天地印钞票、开设赌场。这家养老院不仅在日本国内受到政府表彰,声名远扬,也吸引了不少中国媒体的关注,让许多国人心向往之。2019年秋天,我们发邮件申请了这个养老院的"见学"(参观学习)。当时他们每个月还为外国人专门安排了一场见学(需自带翻译)。见学费用为1万日元+10%消费税,包括研修会、带领参观讲解、一顿午餐和一次下午茶点。按当时的汇率,大约相当于人民币710元,价格并不便宜。

见学的前一天晚上,我被川口强行拉着,用他自己编写的汉语版"巨型"PPT,听他讲解了两个小时的日本"介护保险制度"。对于初次接触的人来说,这个制度十分复杂,当时我困得哈欠连天。不过,第二天在研修会时,我非常感激川口提前给我灌输了这些知识。当其他中国人因不了解基本制度而一脸茫然时,我已经能轻松理解各种情况了。

因为迟到在日本是大忌,见学当天我早早出发,不到9点半就来到了位于爱知县一宫市的"蒲公英温泉介护中心"门口。和日本所有场所给人的第一印象一样,这里干净、安静、整洁。绿、白为主色调的棱角分明的建筑更是增强了这种感觉,让我一路奔波的心情一下子沉静下来。

由于时间太早,我便先躲在停车场的车里"暗中观察"。正好有一辆面包车停在大厅门口,只见车的后备厢盖高高扬起,从里面由机械平台缓慢而稳定地送出一位坐在轮椅上的老人。平台慢慢落地停稳,一位工作人员轻松地将轮椅从平台上接下,推入大厅。我想起自己母亲当年做完腰椎手术后回家时,三个壮汉把她抬下救护车,还都累得气喘吁吁,不禁感叹不已。随后,平台自动收回车内,紧接着居然又"吐"出一位轮椅老人。对,"吐"这个词特别准确,因为整个过程就像车张开大嘴,用舌头轻轻地将老人送到地面。一辆车走了又来一辆,老人们有条不紊地被"吐"出来,接进养老院。更多的老人是不坐轮椅的,他们自行下车或由工作人员搀扶下车入院。

后来,我看到一个中国同胞的团体到达,便跟在他们后面走进去。经过大厅门口时,恰好有一位老人下车,她和前来接她的工作人员满脸笑意地向我道了早安。进入大厅后,许多老人也会主动向客人微笑、打招呼。有时客人三五成群地不小心挡住了老人的路,尽管这些老人可能驼着背、挂着拐杖，行动不便，但他们都不急不躁，甚至友善地示意客人先行。这不仅体现了日本人的素养，也能感受到这些老人是快乐且心态平和的。

首先，我们前往二楼的研修室。二楼是中空的环形回廊结构，可以清楚地俯瞰大厅。大厅内的圆桌旁，已经陆续坐了许多老人，他们喝着茶、聊着天，仿佛在等待一场盛大的喜宴。不过，院方特别提醒见学者，千万不要趴在围栏上俯瞰老人，这会让老人产生被监视的不适感。此外，不可以用相机对着老人面部拍照，更不能在社交媒体上发布任何带有老人面部的照片。

研修会由一位已经60岁的课长主持。他提到，他的父亲也是这家养老院的客户，中途曾尝试过其他养老机构，但因为不喜欢而毅然回到这里。这也是许多老人的共同选择，因为"蒲公英温泉介护中心"给予了他们最大的快乐和自由。在这里，他们可以玩"21点"、老虎机、游戏机，还可以泡温泉、做水中健身操，参与制作面包、烧制陶器、花道、书法等超过250种康复项目。而且所有项目都由老人自主选择、自由安排时间，没有人规定他们必须在特定时间做什么。

"蒲公英温泉介护中心"隶属于一家成立于1992年2月10日的股份公司（Stellalink株式会社）。如今，这家公司在爱知县拥有16家"蒲公英"品牌的养老机构和养老支援机构，其中7家为日托机构，另外9家为其他类型的介护服务机构。

蒲公英独创了一个名为"微笑系统"的电子管理系统，可以方便地记录每位老人全天的活动日程。在此之前，养老院的老人们每天的活动都是由工作人员手写记录的，不仅耗费人力，还容易出现漏记和错记。如今，蒲公英将这一管理系统推向市场，成为其业务的一部分。基于"微笑系统"，每位老人都有一张IC卡，早上进入养老院时，首先在自助机上刷卡进入康复项目选择系统。通过点击每个时段的按钮，可以一目了然地查看可供选择的项目，并根据自己的喜好安排一天的"享乐计划"。

这个系统的界面和操作方式非常简单，老人即使没有任何电脑基础，也能轻松上手。这250种活动不仅各具不同的康复功能，还让老人们玩得不亦乐乎，难怪他们乐此不疲。

然而，"微笑系统"最终记录的并不是老人早上在自助机上的选择，毕竟选好的项目可能会忘记或者临时不想参加。只有当老人真正开始参加某个项目时，工作人员才会帮他们刷卡记录。因为每个项目都有相应负责的工作人员，老人需要向他们报到后才能参加活动。因此，每位老人一天的活动内容都被清楚地记录下来。通过这些记录，院方也能了解老人的喜好，以便随时调整项目安排。例如，老人们最喜欢的红绳牵引运动，如今已增加到每天8场，几乎场场爆满，有时甚至需要抽签决定入场人选。

你以为只要提供丰富的康复项目就能留住老人的心吗？其实，"蒲公英"真正让老人们流连忘返的可能是他们的独特招数——发行了专属"货币"SEED。这种货币只能在各家"蒲公英"机构里使用，面值分别为100、500、1000、5000和1万SEED，既不能用钱买，也不能兑换成钱。它的作用包括参加康复项目、购买零食和喝咖啡等。

每位老人初次入院时会获得5000 SEED。如果你不参加活动，仅仅用它喝咖啡，喝10杯就会用完，你将成为这个小社会里的"赤贫"者。但如果你积极参与，比如用500 SEED参加一个活动，完成后工作人员会奖励你1000 SEED，这样你就净赚了500 SEED。如果你去"赌场"参与赌博，凭借头脑和运气，可能赚得盆满钵满。目前"蒲公英温泉介护中心"里最"富有"的老人已经赚到了1亿SEED。由于购买零食和喝咖啡等"纯消费"行为每天有限制，而其他活动则能带来更多的SEED，这位老人因此拥有了终生享用不尽的"财富"。

据介绍，这里的老人大部分都是有子女的，他们在现实生活中积累的财富多交给了子女保管，而在这里，"货币"让他们重新拥有了赚钱、自由管理钱财、花钱请别人吃喝玩乐，甚至"炫富"的快乐。这种感觉让老人们觉得自己依然有用，这才是"蒲公英"拴住老人心的秘籍。而在精打细算中，老人们既"不得不"参与大量活动，又锻炼了脑力，可谓既强健了身体，又预防了老年痴呆。难怪我在这里遇到的每位老人都精神抖擞、兴高采烈，他们正在毫无压力地开心"赚钱"呢！

同样感到轻松的，还有那些送老人来"日托"的子女。这里的费用便宜到让前来见学的中国人大呼"不可思议"！日托老人可以选择5小时（10:00—15:00）和7小时（9:30—16:30）两个时段。半径15公里以内提供接送服务，路上时间不计入。以5小时、介护度1为例，每位老人每天只需支付约520日元，约合人民币26元（午餐费另计）。

回到"蒲公英温泉介护中心"，这家两层楼900余平方米的养老院最多可同时接纳275名老人。如今，周一至周五日均入院老人255名，周六稍少，周日最少，日均105人。目前，与"蒲公英"签约的老人约有960名。在介护保险制度的支持下，"蒲公英"每天从每位老人那里获得不菲的收入，但对于这样庞大的机构来说，这仍然只能勉强维持。当每日入院老人数低于约145人时，机构就会出现赤字。薄利和亏损风险是日本养老机构共同面临的问题。"蒲公英"解决这一问题的方法是尽可能提高每日入院老人的数量，同时尽量压低人力成本。压低人力成本的方法当然不是降低员工工资，那是违法的。"蒲公英"的做法是将正式员工与临时打工者的比例控制在1∶9。目前，"蒲公英"品牌下的620名员工中，只有60名是正式员工，其他均为临时打工者。日托机构的打工者多为附近的家庭主妇，她们进入"蒲公英"时不需要任何资格证书，只需性格开朗，乐于服务即可。"蒲公英"也为她们营造了一个快乐、让她们能拥有价值感的工作氛围。

"蒲公英"里甚至还专门设立了托儿所，让这些主妇们上班时可以把孩子放在这里托管，解决了她们的后顾之忧。每日托儿费用仅为500日元，不足以支付打工者1小时的时薪。而托儿所支付高薪聘请专业保育师，因此是完全亏损的部门，但作为留住员工的福利，仍然坚定地存在。

当然，能够雇用这么多家庭主妇打工者，也得益于"蒲公英"的特殊性，其他养老机构未必能照搬。"蒲公英温泉介护中心"的客户平均介护度仅为1级，要支援率高达47%，大部分老人都能自理。因此，家庭主妇即便没有专业的介护技能，也能胜任工作。每位新打工者接受3天的完整培训即可上岗，而培训内容的重点是强化企业理念：让员工散发个人魅力，闪耀光芒。

的确，我和其他中国见学者都感受到了这些打工主妇的快乐。她们总是面带真诚的微笑，耐心细致地对待每一位老人，热情洋溢地带领每一项活动。和所有入住的老人一样，她们在这里找到了人生的新价值。

当天见学者的午餐是美味的天妇罗定食，老人们的午餐除了可以选择与见学者相同的定食，还可以选择面、咖喱饭或者由20余种菜肴组成的自助餐。老人的午餐费用另收，每人每顿698日元。老人们排队取餐，用托盘或小木制餐车将食物带回餐桌。有的与老伙伴一起愉快用餐，有的找个僻静的地方独自慢品，有的则用SEED为自己添杯咖啡、买点零食。看着老人们开心地吃饭、聊天、玩耍，我忽然觉得变老也没那么可怕了。

研修活动于下午3点准时结束，不少老人也到了回家的时间。大厅里一时间充满了告别的人群，人人脸上都洋溢着笑容。"蒲公英让你微笑的使命"似乎已经实现了。这种微笑的背后，当然不仅来自一个企业的努力，归根结底还是有日本"介护保险制度"的支持。

日本介护体系面临的挑战

国家财政问题

2024年3月28日，日本国会批准了从4月1日起生效的2024年度国家预算。一般公共预算的总收入为112兆5717亿日元，其中，税收收入为69兆6080亿日元（占61.8%），新发国债为35兆4490亿日元（占31.5%）。在一般公共预算的支出方面，社会保障费用为37兆7193亿日元（占33.5%），国债费用为27兆90亿日元（占24%）。

在社会保障费用中，养老金为13兆4020亿日元（占35.5%），医疗费用为12兆3668亿日元（占32.8%），介护费用为3兆7288亿日元（占9.9%）。其中，用于高龄者的医疗费用占比很大，社会保障费用中超过50%都用于高龄者，显现出对高龄者的高度倾斜。

2022年度，日本的介护费用总额达到了11兆1912亿日元。这一金额包括国家财政中的介护费用支付、地方政府的介护费用支付、介护保险的支付以及利用者自付费用的总和。厚生劳动省从介护保险制度实施的第二年（2001年）开始进行相关调查。2001年度的费用为4兆2782亿日元，而到2018年度已超过10兆日元，2022年的11兆1912亿日元是2001年的2.6倍。

国家财政问题导致了介护预算的不足，进而引发了护工严重短缺等一系列问题。

高龄者的不安

根据2019年日本金融厅工作小组的报告，如果一对夫妻在65岁后继续生活30年，大约需要解决2000万日元的资金缺口。假设的条件是，家庭中仅有夫妻两人，无工作，丈夫65岁以上，妻子60岁以上，且两人健康状况良好。从65岁开始领取养老金，到丈夫95岁、妻子90岁时，他们每月的收支赤字约为5.5万日元。因此，除了养老金，每对夫妻还需准备约2000万日元以应对老年生活。这一报告在日本引发了轰动，因为国民年金机构发放的终身养老金一直被视为足够养老的保障，许多人从未考虑过养老金可能不足的情况。此后，各类研究者开始基于不同条件进行估算，并提出了各种省钱和理财的方法。随着 2022 年日本物价的猛涨，有些研究者认为退休生活所需的额外资金可能达到 3000 万至 4000 万日元，甚至有的研究者指出，要过上较为宽裕的退休生活，可能需要自行准备 7000 万日元。

2024 年，内阁府进行了"生活设计和养老金的民意调查"。当被问及希望工作到多少岁时，回答"61 岁以上"的人占了 71.1%。这表明，希望延长就业期限的人数正在不断增加。具体来看，选择 61—65 岁的人占 28.5%，其次是 66—70 岁，占 21.5%，而选择 71—75 岁的人占 11.4%。在选择延长就业期限的理由中，"为了生活所需"的比例最高，占 75.2%。

对于有一定收入的高龄者，由于"在职老龄年金制度"的规定，养老金将被部分扣除。继续工作的人中，有 44.4% 表示，在达到领取养老金年龄后，为了不减少养老金金额，他们会通过调整工作时间来应对。

总之，高龄者在生活费用上的担忧使他们无法安心生活。

介护团体的政治影响力较弱

在日本，医疗团体在政治上具有强大的影响力。在国会议员选举中，日本医师会每次都会派代表参选，护士协会也不例外，因此国会中充斥着医生和护士的声音，这使他们能够积极讨论并保护自身的利益。例如，在新冠疫苗推出时，国家决定给予医疗机构每次注射疫苗的基本报酬为2070日元，外加730日元的加班费和2130日元的休息日费。为了鼓励小诊所的医生参与疫苗接种工作，政府还特别增加了每次2000—3000日元的补贴，并为医院提供了每日10万日元的特别加算。在这项政策下，医生们可谓迅速获利，每次注射可赚2070—7200日元。

而介护团体的政治影响力相对较弱。尽管全国老人福祉设施协议会、全国日托协议会、全国访问介护员协议会、全国有料养老院协会等团体之间存在联系，但它们的力量远不及医师会和护士协会那样强大。历史上，仅有两名议员曾在介护团体的支持下成功当选。

在2019年参议院选举中，全国老人福祉设施协议会等几个团体联合推出了候选人角田充由，但他未能当选。2022年再次参选的园田修光也未能成功。目前，国会中没有来自介护行业的代表。

日本国会议员选举中设有"选举区"和"比例代表"两种定员制度。选举区根据各地区的投票数选出代表，而比例代表则根据全国的投票数选出。通常，获得大约10万票即可当选。介护团体候选人通常以比例代表的方式参选。全国共有超过210万名护工，如果他们关心自己的利益并投票支持介护团体候选人，那么这些候选人当选的可能性很高。然而，大多数护工缺乏保护自身利益的意识，只是抱怨工资低，却没有积极参与投票。

护工短缺

在超高龄化社会和劳动人口减少的背景下，确保足够的护工人数已成为迫在眉睫的问题。根据厚生劳动省的估算，2019年护工人数为211万人，2023年所需的护工人数为233万人，存在22万人的缺口。预计到2025年，缺口将扩大至32万人，而到2040年，这一缺口可能会增加至69万人。

根据厚生劳动省的"2022年工资构造基本调查"结果，全行业的平均年收入为496万日元。具体到各职业类别：护工（不包括访问介护），年收入为362.8万日元，平均年龄44.2岁；访问介护员，年收入为353.0万日元，平均年龄49.1岁；其他社会福祉专门员，年收入为395.5万日元，平均年龄53.4岁；介护支援专门员，年收入为405.7万日元，平均年龄51.6岁。

此外，护工面临着巨大的身心负担。护工的工作通常被视为体力劳动，许多养老院尚未引进介护起重器等设备，仍然依赖于传统的"抱起来"的介护方式，这使得护工容易出现腰痛等身体问题。处理入住者的排泄物等工作也让许多人难以接受，入住型事业所的夜班员工尤其辛苦。此外，一些护工还会遭受认知症患者带来的精神压力，甚至面临言语或身体上的暴力。

总体来说，介护行业的工作艰辛且工资偏低，几乎没有年轻人愿意从事这一职业。当我进入养老行业时，经常看到这样的报道：介护工作难以忍受、肮脏且危险；护工被视为最底层的工作；高中老师劝导学生不要学习介护，不要做护工；父母也不希望自己的孩子进入养老行业。媒体也在为介护行业的负面印象推波助澜。然而，随着护工的严重短缺，媒体的论调开始转变，逐渐强调护工在社会中的重要性以及工作的意义。

然而，不管媒体如何报道，介护行业工资低、工作辛苦的现实依然没有改变，因此，愿意学习介护的学生仍然不多。近年来，大多数介护福祉士养成学校都面临招生不足的困境。为了维持运营，这些学校现在不得不接收外国留学生。此外，政府也正在通过引进研修生等外国护工来弥补护工的不足。

除非提高护工的工资，目前尚无有效的解决方案来缓解人才短缺问题。未来，如果能开发出优秀的介护机器人，或许能够在一定程度上缓解这一困境，但在短期内，能够独立判断和运作的介护机器人几乎不可能出现。

虐待高龄者

高龄者虐待主要分为护工虐待和家人虐待两个方面。根据厚生劳动省的调查，高龄者受虐待的情况逐年增加。2022 年，日本养老设施中的虐待案件为 856 件，家庭中的虐待案件则高达 16669 件。虐待的形式包括暴力、粗言恶语、忽视、不提供必要的介护、身体拘束等。造成这些虐待的原因包括护工缺乏足够的介护知识和技术、对认知症的了解不足，以及护工和家人压力大、情绪失控等，尤其是在介护人员不足的情况下，这些问题更容易发生。

最具代表性的虐待事件发生在 2014 年，神奈川县川崎的一家有料养老院发生了三起高龄者从楼上坠落的事件。事后调查发现，这些事件是由一名护工故意将入住者推下楼导致的，结果这三位老人不幸身亡。除此之外，还有许多其他虐待事件被报道，类似的情况已屡见不鲜。

对护工的骚扰

2018 年，日本介护技能联盟进行的一项调查结果令人震惊。超过 70% 的护工表示他们曾遭遇某种形式的骚扰。其中，大约 30% 的女性护工和 10% 的男性护

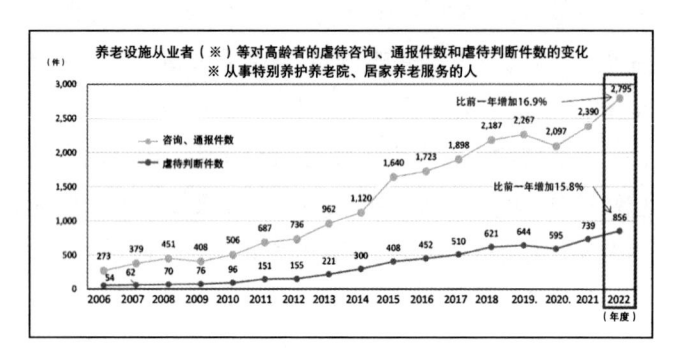

图 13 养老设施从业者等对高龄者的虐待咨询、通报件数和
虐待判断件数的变化

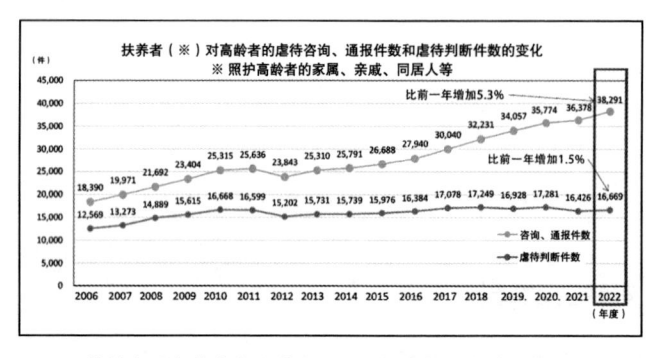

图 14 扶养者对高龄者的虐待咨询、通报件数和虐待判断件数的变化

工曾经历过性骚扰，例如，在提供介护服务时遭遇不必要的触摸，或者反复听到猥亵的言语。此外，大约70%的女性护工和超过60%的男性护工都曾经历来自上级的权力骚扰。令人担忧的是，20%的护工没有向他人诉说这些骚扰，理由包括认为诉说无济于事、认知症患者的特殊状况、问题不够严重，或是由于骚扰者的个人生活背景和性格等原因。

厚生劳动省高度重视这项调查结果，并据此制定了《介护现场的骚扰对策手册》。该手册对骚扰进行了以下定义：1. 身体暴力：使用体力造成伤害的行为。例如，扔杯子、踢打或吐口水等。2. 心理暴力：通过言语或行为伤害或降低个人尊严或人格的行为。例如，大喊大叫、骚扰特定工作人员或提出无理要求。3. 性骚扰：不受欢迎的性挑逗、要求好意或要求性行为。例如，在介护服务过程中触摸护工的手、拥抱或公开说猥亵的言语。

手册中指出，综合实施对策至关重要，尤其是早期应对。必须营造一个让受骚扰者能够立即表达的工作环境，鼓励受害者勇敢地与组织分享信息，以便组织能够帮助分析和解决问题。然而，判断是否构成骚扰时，应将其与认知症的相关症状区分开来，这需要具备专业的判断能力。此外，还应提高服务质量的标准化，并在合同中明确规定，一旦发生骚扰事件，服务合同将被解除。

对于管理者对护工的职场权力骚扰，厚生劳动省还制定了《权力骚扰对策导入手册》。

老老介护、认认介护

老老介护和认认介护是从 2000 年前后开始出现的社会问题。老老介护指的是 65 岁以上的人照顾 65 岁以上的人，而认认介护则是指认知症患者照顾其他认知症患者。这两种情况往往同时发生。老老介护通常发生在配偶或兄弟姐妹之间，甚至有 65 岁以上的子女照顾其年迈父母的情况。老老介护容易导致"介护疲惫"，从而引发崩溃、杀人、自杀等悲剧。而在认认介护的情况下，尤其容易出现无法提供适当介护的危险。

根据厚生劳动省 2023 年的调查数据，在居家介护的家庭中，老老介护的比例从 2019 年的 59.7% 上升到了 64.5%。在这些家庭中，介护者和被介护者均为 75 岁以上的后期高龄者的比例为 35.7%。随着团块世代在 2025 年步入后期高龄，老老介护的现象预计将进一步增加。

介护离职

"介护离职"并非指护工的离职,而是指那些因为无法同时兼顾工作和家庭中的介护责任,不得不辞去工作、回归家庭照顾家人的职场人。据厚生劳动省2022年的调查,在765.7万名辞职者中,有7.3万人因医疗介护而离职,其中男性占2.6万人,女性占4.7万人,55—59岁的人数最多。

2023年经济产业省预测,到2030年将有833万人在家中照顾家人,其中318万人将面临边工作边介护的情况。这种"介护离职"现象,以及因工作效率下降导致的劳动生产性减弱,预计将造成9兆日元的经济损失。同时,介护离职者也容易陷入贫困状态。

为了防止介护离职,国家推行了介护休业支援制度。如果员工需要照顾处于"要介护"状态的家人,公司必须提供"介护休假"。每个介护对象的休假上限为93天,可以分三次休完。在休假期间,雇佣保险将支付员工67%的工资。然而,根据公益财团法人生命保险文化中心2021年的调查,平均每个介护对象的介护期为61.1个月,而93天(3.1个月)的休假在如此长的介护期面前显得微不足道。

如果介护保险能够提供更完善的服务,这将是减少介护离职的一个有效途径。然而,由于护工严重短缺等其他问题交织在一起,政府对此也显得束手无策。

延伸阅读

介护杀人事件

2006年，京都伏见发生了一起震惊社会的介护杀人事件：54岁的儿子杀死了86岁的母亲。这起悲剧的背景是儿子因无法兼顾工作与介护，辞职后陷入贫困，最终酿成了杀人案。在1995年父亲去世前后，母亲开始出现认知症症状。儿子一边工作，一边照顾母亲。到2005年，母亲的病情恶化，尽管他利用了介护保险的服务，但沉重的介护负担仍然压在他肩上，最终他不得不辞职。他试图找到一个可以兼顾介护和工作的职位，但未能成功。随后，他去申请生活保护（相当于中国的低保），但由于正在领取失业保险，他的申请未被受理。2005年底，失业保险发放到期终止，到了2006年初，他已身无分文，最终决定与母亲一同结束生命。他在河边掐死了母亲，然后试图用刀自杀，但未遂。最终，他因杀人罪被判有期徒刑2年6个月，缓刑3年。虽然他后来找到了工作，但最终还是在2014年选择了自杀。

在法庭审判中，公布了案件发生时的详细情景：

1月31日，儿子带母亲出门，推着轮椅在京都市内观光。当母亲表示想回去时，他却推着轮椅去了河边。他们在那里待了一整天，直到2月1日，儿子对母亲说："我没钱了，活不下去了。"母亲回应道："是这样吗？不行了吗？那我跟你一起走。"儿子泣不成声地说："对不起，对不起……"次日，儿子被捕，并向警方供述道："因为疲于介护，我杀了母亲，也想自杀，但没成功。"在随后的审判中，检察官详细描述了两人之间的对话，以及儿子所陈述的内心独白："虽然我夺走了母亲的生命，但我只是想重新成为她的孩子。"在最终陈述中，他悲痛地说："我的手竟然是用来杀害母亲的吗？这太悲惨了。活着真的很难，但我想活到母亲的年纪，为她的灵魂祈祷。"审判长在判处他 2 年 6 个月的有期徒刑（缓刑 3 年）的同时，也表达了对他的同情。这一轻判并不寻常，审判长东尾龙一还特别补充道："在本案中，受到裁判的不仅仅是被告，还有介护保险和生活保护制度的存在意义。事态发展至此，政府官员有责任重新思考应对之策。"

民生委员

民生委员是依据《民生委员法》设立的非全职特别职都道府县公务员，主要为社区提供福祉服务。每个社区都配置一名民生委员，从社区居民中选拔，并由厚生劳动大臣委任，任期为 3 年，可以连任。所有民生委员同时兼任《儿童福祉法》制度下的儿童委员，即一个人担任两个职位。民生委员的工作属于志愿性质，一般由退休人员承担。虽然没有工资，但市町村政府会替都道府县支付交通费、通信费、研修费等，最高金额为每年 6.02 万日元，部分市町村也会另外给予民生委员活动经费。民生委员有保守秘密的义务，即使在退任后，也必须对工作中获得的信息严格保密。

民生委员的工作内容包括接受社区内孕妇、残疾人、高龄者等需要福祉支援者的咨询，访问高龄者家庭，确认其身体和生活状况，并与市町村的福祉部门、地域综合支援中心或福祉专家等联系，协助解决问题。其主要目标是确保需要福祉支援的人能够更好地接受相关服务。由于民生委员本身也是社区成员，他们在开展工作时具有地利、人和的先天优势。

然而，愿意担任民生委员的人却越来越少。其原因包括自身高龄化、工作对象的增加与复杂化、无薪酬和经费有限等。此外，由于《个人信息保护法》的规定，他们往往难以收集到必要的个人信息，导致工作无法顺利完成。据报道，全国民生委员的定员为240547人，但到2023年，缺口已达13121人。在没有民生委员的社区，福祉问题无法及时被发现，进而对福祉行政产生了负面影响。

民生委员会制度起源于1917年冈山县设立的"济生顾问制"。次年，大阪府设立了"方面委员制度"，随后这一制度在全国范围内推广。1946年，这一制度正式更名为"民生委员"。制度初创时，日本社会仍保留着村落共同体的色彩，社区成员之间关系密切，彼此之间有很强的互助氛围。此外，当时的政府拥有很大的权威性，作为"某某大臣委托"的非全职公务员，民生委员的身份也具有很高的威望，担任民生委员被视为一项光荣的职责，因此许多人愿意承担这一角色。然而，随着社会结构的改变和人们观念的转变，尽管民生委员的需求不断增加，愿意担任这一职位的人却在减少。

护工短缺的问题本质上与民生委员的问题相似。虽然护工不是地方公务员，但其工作具有很强的公益性。由于介护保险服务费较低，护工的工资自然也难以提高。政府至今未能为这一行业制定合适的工资标准，只是一味地强调这些工作"很有意义"，显然这种做法无法解决问题。

第二部分

介护实践的前沿探索

介护经营

我曾在一家日本企业工作,并长期在国外任职。2012年冬天回日本时,我见到了经营养老机构的舅舅。他突然提议,希望我加入他的养老机构,进行一些改善工作。因为我在企业工作,且长期接触外国文化,觉得这份工作很有意思。经过长时间的思考,我意识到介护是一项帮助他人的好工作,最后决定辞职,离开驻扎地厦门,并于2013年加入舅舅经营的社会福祉法人喜寿会,正式进入养老行业。当时,我对这一行业完全陌生,不知道该如何经营和改善。因此,我非常积极地参观先进的养老院,听知名养老人士的讲座,并与其他养老机构的经营者交流。为了获得相关资格,我参加了许多培训班,如饥似渴地阅读与养老相关的书籍,并通过实践经营和改善活动,逐渐建立了自己的介护经营理念。

首先,介护的本质是什么?虽然介护在字典上可能只是一个没有感情色彩的词汇,但我最认同日本一家社会福祉法人"福祉乐团"理事长饭田大辅的定义。

饭田大辅是介护界中罕见的博士精英，他曾说过一句话："介护是维持高龄者生命力，改善他们生活环境的实践。"在此，我想直接借用他的定义。

其次，介护事业所为利用者提供什么服务？根据《介护保险法》第一条规定，介护服务的核心是"自立支援"，而在第二条中则规定了"减轻要介护状态及防止恶化"。为了切实落实介护服务，需要从利用者的情况中发现潜在问题，提升专业性并打下坚实的基础，在实际操作中进行创造性的工作，寻找介护工作的乐趣。

保育护理

保育

护理
（介护、看护、保育）
NURSING

福祉护理　**介护**　　　**看护**　**医疗护理**

共同特性（介护、看护、保育）
开生活的处方，改善生活环境的实践

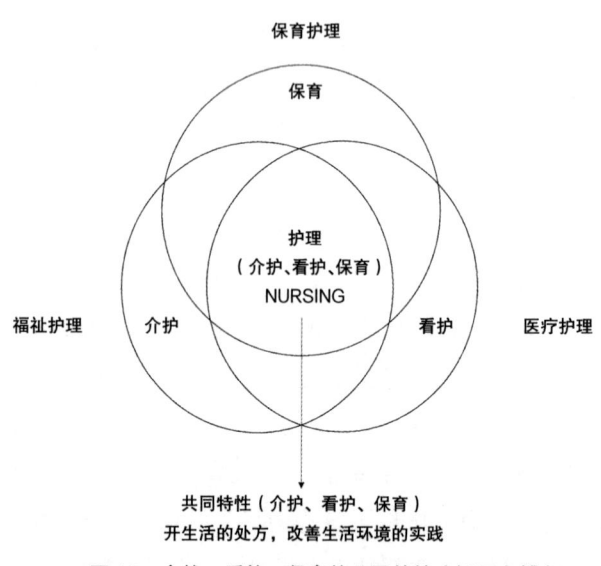

图 15　介护、看护、保育的共同特性（饭田大辅）

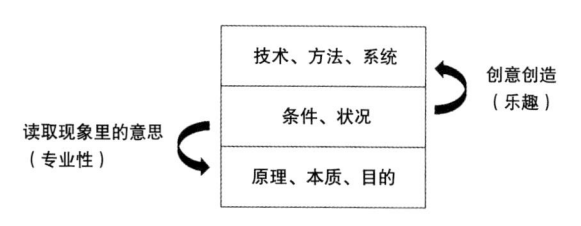

```
读取现象里的意思        技术、方法、系统        创意创造
（专业性）              条件、状况              （乐趣）
                        原理、本质、目的
```

图 16　原理和目的论的重要性（饭田大辅）

由于日本介护的历史由政府主导，带有浓厚的官僚色彩。如今，居家养老和社区养老服务已向民间企业开放，但机构养老仍主要由专门提供福利服务的社会福祉法人经营，政府对其监管严格，官僚色彩依然浓厚。日本介护保险的服务费是由政府决定的固定价格，即使提供更好的服务，也无法提高服务费，这对机构的盈利能力造成了很大限制。

再加上 2022 年后日本物价急速上涨的外部因素，2023 年度社会福祉协议会对 1600 家特别养护养老院的调查显示，2022 年度有 62% 的此类养老院陷入赤字状态，它们只能竭尽全力减少空床率和开支。然而，减少开支并非解决问题的良策。一般来说，养老机构的最大开支是人工费，如果减少人工费，护工可能会辞职，导致可服务的入住者减少，空床率增加，从而陷入恶性循环。

而规模略小的社区养老状况也不容乐观。在日语中，社区养老被称为"地域密着型"，为了密切接触地区的高龄者，政府规定了较低的服务定员，导致整体收入相对较少。不过在居家养老中，存在不受介护保险限制的部分，可以赢利。例如，有料养老院的住宿费等，可以附加更多的价值。

社会福祉法人喜寿会的主力项目是专门为重度失能、失智高龄者提供介护的特别养护养老院，这类养老机构近年来面临着最严峻的经营考验。我发现现场工作的护工往往不理解民间企业需要经营的现实，他们只是对介护行业抱有美好的幻想，思想保守，视野狭窄，这类人被我们称为"介护巴嘎"（介护白痴）。从其他行业转入介护行业的人往往会被排斥。很多人倾向于福祉思想，不考虑经营，不考虑工资的来源，认为自己的机构应该全然无私地为老人奉献，但当这种奉献涉及个人（如加班、减薪等）时，他们又无法接受。因此，经营者需要让他们明白，机构的哪些工作能够赢利，哪些工作会导致亏损。

在当前的情况下，经营者应找到赢利与福利之间的平衡点，并明确经营的目标。我所在的社会福祉法人没有股东，因此我常常思考：如果有股东，该如何经营？

我认为，经营的目的是让所有利益相关者获得幸福。对于股东而言，这种幸福表现为利润、名誉和品牌价值；对于客户而言，是舒适的环境、高质量的服务和不失希望的生活；对于员工而言，是良好的待

介护经营
・介护是维持顾客的生命力、改善生活环境的实践　3A介护：安全、安心、安逸
・介护经营是找到赢利（经营）和福利（公益）的平衡点，提供服务，创造利润

目的	利益关系人的幸福
	股东：利润，名誉，品牌价值 顾客：舒适的空间，高质量的服务 工作人员：良好的待遇和工作环境，培训机会和职业前景

财务	高利润
	分配，投资，储蓄

顾客	高质量的服务
	顾客满意：提高利用率，保证高收入和好口碑 规避风险：降低介护事故的发生率，降低纠纷和诉讼的风险

员工	科学介护
	人体工学：安全舒适的护理概念和操作法 介护用具：以实现安全舒适为目的的介护用具 介护机器人和信息技术：提高生产性的用具、系统 生理学：人体的了解和发现异常时的对应法

员工	情绪介护
	奉献精神，温柔，热情等

基础	软件
	人才和组织（团队）、公司文化 评估体系、培训体系、公关宣传等

基础	硬件
	土地，建筑物，用具 公司规则，合同书，操作手册等

外部环境	制度/地区特性
	政策、法律 当地的气候、风俗习惯

打造良性循环

图 17　介护经营分析

遇和工作环境、培训机会、职业前景以及一种从业的自豪感。

为了实现这些目标，必须对每个项目进行分析，制定改善策略，并实施改善措施。

由于涉及的范围广泛且有些项目需要较高预算，因此我首先从两个方面入手：一是提供高质量的服务，二是改善护工的工作环境。随后，我提出了"3A介护"的概念，即打造"安全、安心、安逸"的环境。在了解了SPHM（详见下节）的概念后，我进一步扩展了对象，倡导"让利用者和护工双方安全、安心、安逸的介护"，最终提出了"介护的典范转移"这一理念。

介护经营

介护经营
- 让利用者和护工双方安全、安心、安逸的介护（3A介护）
- **介护经营**是找到赢利（经营）和福利（公益）的平衡点，提供服务，创造利润

目的：利益关系人的幸福
- **股东**：利润，名誉，品牌价值
- **顾客**：舒适的空间，高质量的服务
- **工作人员**：良好的待遇和工作环境，培训机会和职业前景

图18 介护经营的目的

介护经营（经营者的任务）

- 扩大规模（赢利）
- 提高顾客平均消费额（赢利）
- 减少成本（赢利）
- 提高生产性→减少成本（赢利）或增加人均照护时间，提供更高质量服务（福利）

经营者的任务：
- 分析现状，实行各种措施，提高所有利益关系人的利益
- 实行科学的介护，提高生产性

图 19　经营者的任务

大资本的战略是建设复合式老年社区，建立培训机构，推进医养结合、康养结合等，构建完整的产业链。小资本的战略则是通过提高服务质量和入住率来积累资本，增加床位数，或开设与现有养老事业所互补的其他类型的养老事业所。

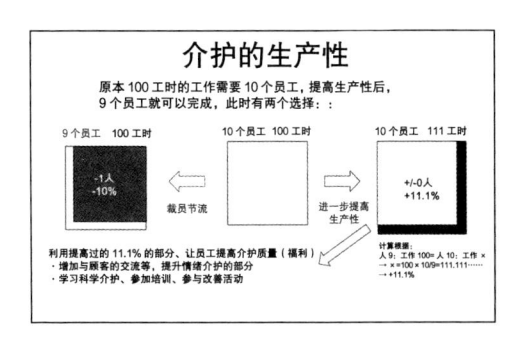

图 20　找出赢利和福利的平衡点

安全介护与介护的典范转移

围绕介护经营的两个目标——提供高质量的服务、改善护工的工作环境,安全介护具有十分重要的意义。

人工介护本身就包含着各种潜在的风险。一方面,风险涉及介护对象——高龄者的安全;另一方面,护工本身也面临危险。许多护工缺乏对人体构造和人体工学的了解,不清楚自己每一个介护动作会对高龄者或自己的身体产生怎样的影响。

虽然日本政府倡导使用信息技术和介护机器人,但理想中的全自动机器人尚未出现。此外,科技并不能从根本上解决问题,它只能起到辅助的作用。一旦发生介护事故,后果不堪设想。

高龄者身体面临的风险

人工介护往往需要抱起或扶起高龄者。由于高龄者的身体脆弱,护工稍微用力就可能对其身体部位施加过大的压力，导致局部受伤，轻则皮下出血，重则骨折。

在床上移动时，通常的做法是将高龄者的身体拉向另一侧，但这会导致老人身体与床之间产生摩擦，增加发生褥疮的可能性。在从床上转移到轮椅时，如果不小心，老人的手脚可能会撞到轮椅而受伤。剪指甲时也常常因为剪得过深而导致疼痛和出血。这些只是常见的例子，实际操作中还存在更多的风险，需要时刻保持警惕。

介护的初衷是为了防止高龄者生命力的消耗，改善他们的生活环境。然而，介护事故却往往加剧了生命力的消耗。因此，为了确保老人的安全，养老机构必须致力于改善介护环境，减少事故发生的概率。

一旦发生介护事故导致高龄者受伤，医疗人员需要为高龄者提供治疗。如果因此导致高龄者被迫离开养老院，这也会影响机构的收入。事故发生后，责任护工需要撰写机构内部的事故报告，并制定防止类似事故再次发生的对策。同时，还要向高龄者及其家属道歉并解释情况。虽然很多高龄者和家属理解护工的辛苦，愿意接受道歉并予以原谅，但也有些家属可能会要求赔偿，甚至提起诉讼，这可能给养老院带来巨大的额外负担。

此外，当高龄者因介护事故需要住院时，会产生相应的医疗费用。为了应对介护事故，养老机构通常会购买相关的商业保险，此时需要填写事故保险申请以申请医疗费用赔付。根据日本养老保险法规定，发生介护事故时必须向政府报告。因此，一旦发生事故，后续处理往往需要投入大量的人力和财力。从经营的角度来看，预防介护事故的发生显然是重中之重。

此外，抱起来的介护动作对于高龄者而言极为不适。在被抱起时，他们往往会感到紧张，不由自主地握紧拳头。每日多次被抱起，反复握紧，手部可能会发生挛缩。这也是长期接受抱起介护服务的副作用之一，且容易被忽视。

护工身体面临的伤害

护工的介护动作也可能对自身造成伤害。2019年，日本80岁以上老人的平均体重为男性60.1公斤，女性48.6公斤。护工每天需要多次将这些"很重"的老人抱起，这对腰部的负担极为沉重。事实上，早在2013年，厚生劳动省就发布了《工作岗位的腰痛预防对策指南》，其中明确规定了男性可承受的重量标准为自身体重的40%以下，女性为自身体重的24%以下，而孕妇和产后1年内的女性不宜搬运重物。这一重量限制适用于所有职场，而不仅仅是介护行业。

按照这一指南，80公斤的男性护工只能抱起不超过32公斤的高龄者，而50公斤的女性护工则只能抱起不超过12公斤的重量。然而，如上所述，80岁以上的女性平均体重为 48.6 公斤，即使是体重较轻的老人通常也在 30 公斤以上。如果严格遵守厚生劳动省的指南，那需要多么强壮的护工才能抱起最轻的老人呢？

然而，日本养老行业的主流仍然是依赖人工抱起来的介护，因为尚未出现能够自主操作的介护机器人。结果，许多护工因此罹患腰痛，他们不得不佩戴固定腰椎的护具，在保护自己的腰部的同时，忍痛继续从事介护工作。这种护具在一定程度上限制了护工的动作幅度，比如弯腰的程度受到限制。常见的问题是，当护工将高龄者从床上转移到轮椅时，由于腰部无法弯到足够低的位置，高龄者的臀部还未完全接触到轮椅椅面，护工就已放手，导致"投落"——高龄者坠落到轮椅上。虽然高度仅为几厘米，但这种冲击足以伤害到高龄者脆弱的身体，尤其是这种动作每天都在重复。

当腰痛加重时，护工不得不请假，管理人员则需要寻找其他护工临时替班，增加了管理的复杂性。若无法找到替代人员，其他护工在少一人的情况下必须承担更多的工作，服务水平难免下降。如果护工因无法忍受腰痛而辞职，影响将更为深远。人事部门需寻找新的护工，介护工作因缺少人手而持续紧张，且这种状况的持续时间难以预料。

除了腰痛这个主要问题，不当的介护工作还可能导致护工肌肉和关节的损伤，这同样是必须避免的。许多养老机构往往只重视高龄者的事故，而我认为，护工的腰痛、损伤等身体问题同样是一种重大介护事故，必须给予足够的重视。

介护认知症老人的精神压力

介护认知症老人还可能对护工的精神健康造成危害。认知症高龄者的行为多种多样，有些老人经常妄言、粗言，这给护工带来巨大的精神压力，有时甚至会升级为对护工的暴力行为。

即使没有妄言、粗言或暴力行为，许多认知症老人也会反复徘徊，或者做出乎意料的危险行为。护工必须时刻密切注视他们的行为，一旦问题发生，必须迅速赶到老人身边，这使得护工一直处于精神高度紧张的状态。因此，介护认知症老人的护工面临着巨大的精神压力。

如果照护不够严密，可能导致高龄者发生各种事故。一旦事故发生，介护团队为处理后续问题将需要投入更多的人力、时间和费用。

安全介护

日本政府早已提倡使用介护机器人和信息技术。一些先进的养老机构已引进这些技术，我也参观过部分养老院。然而，我认为仅依靠这些技术无法彻底解决问题。当前所谓的先进技术主要是能够协助处理介护的辅助工作，而无法直接参与高龄者身体的介护。例如，目前还没有能够将高龄者从床上移到轮椅的机器人；如果高龄者在房间内摔倒，感应器只能通知护工，但无法将摔倒者扶起。因此，介护工作的核心仍然是护工。

"安全介护"的概念源于美国护士协会的"安全患者处理与移动"（SPHM）理念。通过养老机构的管理实践，我认为，安全介护的范围应扩展至护工，即必须同时保障高龄者与护工的安全。

具体而言，需考虑到利用者的安全，推行"不抓、不拉、不抱起"的介护方式。要使用手掌进行翻滚式的移动操作，同时要善用各种介护器材。护工也应关注自身的安全，避免弯腰、扭腰及使用手腕力量，而是通过调整腿部的开合角度来调整高度。应保持在利用者正面进行介护操作，并善于利用腿部力量。在使用器材前，必须经过评估以选择最合适的器材，并在使用时每次确认安全，建立持续保养和检查的机制。这一理念最终应延伸至所有员工及所有空间，包括高龄者的居住空间、事务所、厨房、清洁间和仓库等。

基于这一思想，我们明确了SPHM的对象，并提倡"让利用者和护工双方的安全、安心、安逸的3A介护"，简称为"安全介护"，实现了介护的典范转移（Paradigm shift）。将原来的人工介护方式定义

SPHM

- Safe Patient Handling and Mobility,即安全的患者护理和移位。用人体工学和介护用具。
- 川口式 SPHM 定义为 "让利用者和护工双方安全、安心、安逸的介护" ——3A 介护

对顾客:
- 不抓、不拉、不抱起来
- 利用手掌、翻滚式移动、利用福祉用具

护工:
- 不弯腰、不扭腰、不用手腕力量
- 张开腿调整高度、总是在正面做护理运作
- 利用腿部力量

利用器材:
- 评估后使用最合适的器材
- 利用器材时总是确认安全
- 建立持续保养、检查的机制
- 延伸到所有方面的安全:
- 不仅考虑介护方面的安全,而且考虑所有方面的安全

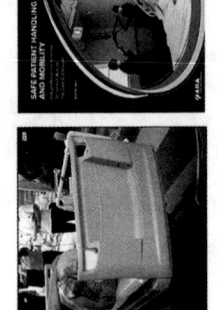

评估危险和调整环境!

图 21 SPHM:利用者和护工双方安心、安全、安逸的介护

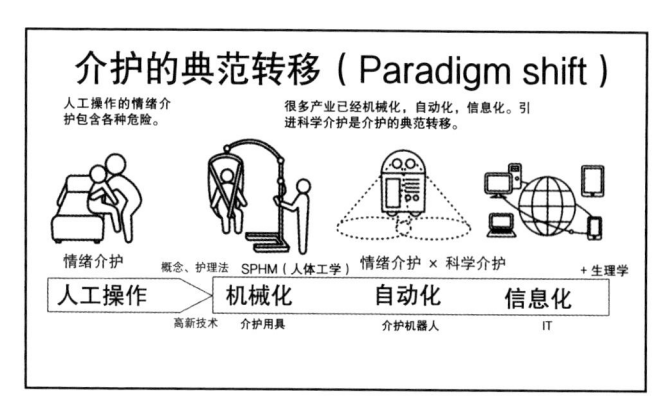

图 22　介护的典范转移

为情绪介护，在此基础上实施科学介护。具体措施包括：聘请专家培训护工，引进介护用具、机器人和信息技术，实现机械化、自动化和信息化，并将情绪介护与科学介护有机结合。最终，我们创造出更加人性化的介护服务，改善了高龄者的生活质量（Quality Of Life, QOL），并维持了日常生活动作（Activities of Daily Living, ADL）。

我从 2017 年开始推行改善活动，并对护工进行了腰痛调查。当时，42.1% 的护工患有腰痛，第二年这一比例下降至 35.1%，表明改善活动初见成效。第三年，腰痛率进一步下降至 20.0%，取得了显著的成果。由于现代医学无法完全治愈腰痛，只能减轻症状并帮助度过急性期，老护工的腰痛问题仍然存在，这些护工构成了后续几年 20% 左右腰痛率的主要部分。而新护工的腰痛发生率则大幅降低，他们成为改善活动的受益者。

同时，我们还发现，入住老人的皮下出血报告数量也在减少。活动开始前，每年入住者的皮下出血报告数量超过 200 件。活动第一年减少至 170 件，第二年为 144 件，第三年降至 121 件。新冠疫情暴发后，日本政府在 2020 年拨款以改善养老机构的介护环境。我们利用这笔津贴大规模引进机械设备，2020 年入住者的皮下出血数量大幅减少至 35 件，2021 年进一步降至 17 件。这些成果证明了我们在实现让利用者和护工双方安全、安心、安逸的介护方面所做的努力。

延伸阅读

规避风险

我至今仍清楚地记得一次介护事故。那是在我刚担任院长两个月后的某天上午，居家介护支援专门的所长、介护支援专员、介护主任和生活资讯员一同来到我的办公室。她们神情严肃，我一看就知道出了大事。果然，她们向我报告："发生了介护事故。一名短期入住的利用者昨天退所后，其家属打电话投诉，称利用者胸部有大范围的紫斑，似乎是被双手拧绞造成的。家属非常生气。院长，您能否和我们一起去利用者家中，向他们道歉并说明情况？"我问："是什么样的紫斑？有多严重？"介护支援专员回答："我接到电话后立即前往利用者家中，家属拍了利用者身上紫斑的照片，确实很严重。""知道了，一起去，和家属约定好时间。"我接着问，"这么重大的事故，为什么接到投诉电话后没有立即向我报告？""因为昨天去利用者家的时间很晚，所以今天一早才来找您。"

由于家属白天上班，我们5个人晚上前去拜访。利用者没有露面，只有家属出面接待。我向家属道歉，介护主任则负责说明情况。但家属怀疑是虐待所致。我相信我的护工，这应该只是一起单纯的介护事故，但我没有任何证据来向家属证明，只能表示我们会采取改善措施。家属显得很不满意，但最后说："知道了，可以原谅你们，但我们不会再去你们的养老院了。"就这样，我们失去了一个"顾客"。

这次介护事故给我留下了深刻印象，我决心进行改善，并开始着手制定以"让利用者和护工双方都安全、安心、安逸"为目标的"腰痛预防项目"。

厚生劳动省规定，介护事业所必须设立"事故防止委员会"和"虐待防止委员会"，每月至少召开一次会议。事故或虐待发生时，需向利用者家属、市町村报告，必要时还需向消防部门（日本的救护车由消防局管理）和警察报告，并记录在案，制定防止同类事故再次发生的对策，并在介护事业所内共享信息。各都道府县还为此准备了相关手册。

我们养老院也设有事故防止委员会，但当时并未发挥作用，也没有开始改善活动，介护事故报告系统尚未完善，云办公系统也尚未引入。

我们购买了商业保险公司提供的"介护事业所赔偿责任保险"。虽然介护事业所并非强制要求购买此类保险，但许多保险公司提供相关的套餐，很多介护事业所都会购买，以备不时之需。通过改善活动，我们可以减少介护事故的发生，但要完全杜绝事故几乎不可能。偶尔也会看到介护事业所发生死亡事故的报道，因此我认为，介护事业所必须购买这种保险。

此外，我们还聘请了一位律师作为法律顾问。幸运的是，在我任职期间，没有发生需要他介入的情况。

尽管我们的风险规避系统表面上较为完整，但最基本的"介护事故报告"系统名存实亡，亟须改善。

于是，我开始调查问题所在，并进行了分析：

1. 事故报告太慢。事故发生后，通常需要1—2周的时间，报告书才能提交到我手中。有时甚至要1个月后才提交，导致我对事故的发生毫不知情。

2. 事故防止委员会的会议记录和事故报告书也是政府审计的对象。因此，这些文件的准备更多是为了应对审计，而非为了提供更好的服务。

3. 护工的事故防范意识不强，且轻视报告。一些护工认为，如果事故是因他们的操作不当引发的，他们可能会受到责骂或被要求赔偿，因此选择不报告。

4. 我们的特别养护养老院和短期入住设施实行"三班倒"工作制，很难让所有相关人员都参加会议。

5. 事故报告书要求写明防止再发生的对策，但护工在讨论时，无论是轻微事故还是重大事故，会花费的时间相同。

6. 介护事故报告未能在全院共享。在某个班次发生事故并采取对策后，其他班次未能吸取教训，导致同样的事故再次发生。

我的改善措施是：

1. 明确规定对于非故意引发的介护事故，护工只需如实报告并考虑对策即可，不需承担赔偿责任。反复向员工传达事故报告的重要性和新规定，营造便于报告的氛围。如果是故意引发事故，则视为虐待，按照法人的《虐待防止规程》和《就业规则》处理。

2. 将事故等级分为重大事故和轻微事故，由每个事业所的主任级人员判断等级。我接到报告后，如果认为等级不当或对策不合适，会将报告驳回。

3. 事故发生或被发现时，立即提交第一报告。第一报告只需写明事故内容和发生或发现的经过，无须写明防止再发生的对策，速度为重。对于轻微事故，可以省略部分信息。在会议中讨论原因和长期对策，若无法确定原因，可以推测，但需标注"推测"，并根据推测的原因考虑对策。报告需在事故发生后1周内提交，质量为重。

4. 每个班次的事故防止委员必须将事故内容分享给班次的所有成员。

5. 与利用者生命相关的介护事故发生时，或接到利用者及其家属的投诉时，必须立即向我报告。如有必要，可随时给我致电，24小时、365天均可。

改善措施在之后也不断地推进。为了便于护工填写事故报告书，我多次修改了报告书的格式。以前使用纸质报告书，由于需要经过主任级人员的审批，流程较慢。引入办公系统后，每个班次的护工在向班长、主任级人员报告时，同时将报告发给我。我会查看内容，如果发现报告等级不当，会给予指导，并按照我判断的级别处理。最终，我批复后的报告被保存在办公系统的文件库中，向所有员工公开信息。

自从我们推行腰痛预防项目后，介护事故的发生率显著下降。由于我们使用介护起重器等辅助器具，并禁止抱起式介护，像之前那样的紫斑情况不再发生。如果再出现类似情况，可以直接判定为虐待。

2021年，政府规定，介护事业所必须选任"安全对策负责人"，构建安全管理体系，并引入"安全对策体制加算"。此时，我们的腰痛预防项目已发展为全面的风险管理项目，因此我们无须为加算专门构建新的安全对策体系，轻松获得安全对策体制加算。

同年，还有一件让我印象深刻的事情。

一位入住者因病情恶化需要医疗措施，我们养老院无法提供其所需的医疗服务，因此她被送往医院治疗，无法回到养老院。后来，她的儿子前来办理退院手续，由生活资讯员负责接待，我也在场。他在说了一些客套话后说道："我母亲在医院骨折了。她是重度失能者，无法自行移动，却在床上骨折了。这应该是护士操作不当造成的。但医院却拒不承认他们的操作有误。医生说，由于她年迈，骨骼脆弱，容易发生骨折。可是我母亲根本不能自己动啊！"他还说："医院只有普通病床，护士用手操作，发生骨折事故也不足为奇。但你们的养老院配备了自动体位变换支援床、介护起重器、活动轮椅，真的很安全。非常感谢你们一直以来的照顾。"听到这些，我更加坚定了我们的方向是正确的，并希望在全国推广"让利用者和员工双方安全、安心、安逸的介护"理念。

入住者的东京之旅

以前从富山站到东京站，需要乘坐JR线到新潟县的越后汤泽站换乘新干线，全程约需3个半小时。2015年3月北陆新干线开通后，富山站可以直达东京站，时间缩短至2个多小时。开通几个月后的一天，介护主任告诉我，有一位入住者Y女士从电视上得知北陆新干线的消息，说想在去世前去一趟东京。她先天残疾，全身瘫痪，一生从未离开过富山县。我非常喜欢旅游，所以听到主任的报告后，第一反应就是要帮Y女士实现她的东京梦。

我首先让主任征求Y女士家属和护工的意见，家属表示也希望让Y女士去东京。大部分护工都愿意帮助Y女士圆梦，但也有反对意见，认为这不属于养老院的工作范畴，而且如果护工陪同Y女士去东京，留在养老院的护工将面临更大的工作压力。我还请护士询问Y女士的主治医生，是否可以带她去东京。医生表示，在出发前确认她的身体状况，如果没有问题，在不热不冷、气候稳定的春天或秋天，她可以去旅游。于是，我召集主任、她所属小组的组长、负责Y女士的护工、生活资讯员和护士，召开了几次会议，讨论可行性和具体方案：

·新干线有轮椅专用座位，但我们以前没有使用过，所以联系了 JR，得知只需提前预约，并在出发前沟通，JR 职员将在新干线站提供上下车的帮助；

·由于我们养老院是在介护保险制度下提供服务，带 Y 女士去旅游完全超出保险服务范围，因此所有费用需由 Y 女士自行承担；

·如果途中发生任何问题，养老院和护工不承担任何责任，Y 女士家属需在免责书上签字；

·万一 Y 女士身体状况突然变化，将在最近的新干线站下车，并拨打救护车电话将其送往医院；

·鉴于 Y 女士的体力和护工的负担，计划当天早上出发，乘新干线前往东京站，仅参观东京站及周边，停留两个小时后返回；

·由两名护工陪同 Y 女士出行。由于此行不在养老院服务范围内，讨论后决定以志愿形式，由护工利用年休假陪同；

·Y 女士是否给护工小费由她和护工自行决定，养老院不参与（实际上如果没有小费的话，很难找到志愿者）；

·两名护工外出时，留在养老院的护工负担增加，因此组长需细心排班；

·旅游当天，由主任或生活资讯员送 Y 女士和护工到富山站；

·由于梅雨季节即将到来，且需要充足的准备时间，

Y女士身体也较稳定，因此决定秋天出发；

· 出发前几天，主治医生确认Y女士的身体状况；

· 当天确认天气后，由院长批准出发。如果天气不好或Y女士出现发烧等症状，将重新安排日期。

在决定以上事项后，我们向Y女士和她的家属说明了条件，他们都表示同意。于是，在夏天结束前，我们再次开会，确定了具体日程。Y女士得知她能去东京，兴奋得不得了。

时光飞逝，梅雨季节过去，炎热的夏天即将结束时，我们开会制订了详细计划，并决定了东京之旅的日程：养老院到富山站（40分钟），乘新干线前往东京站，在新干线上用餐（140分钟），参观东京站及周边（120分钟），乘新干线返回富山站（140分钟），从富山站返回养老院（40分钟），总共480分钟，即8小时。

幸运的是，之后一切进展顺利，Y女士的身体状况一直稳定，主治医生也确认可以出行，因此我们购买了新干线票，JR职员也表示会全面协助。旅游当天，天气晴朗，Y女士身体状况良好，因此我批准出发。

那天我有事，先去养老院处理一些事务，然后整天外勤，没有看到Y女士出发和归来的情景。第二天，我照常巡视养老院，来到Y女士所在小组的大厅，看到她坐在轮椅上倚靠着，满脸笑容地看着我。我走过去问她东京之行如何，她虽然发声困难，但从喉咙里断断续续地说道："非、常、开、心，谢、谢！谢、谢！"在之后的几个星期里，每当我巡视时，她都会说："谢、谢！谢、谢！"

后来我也问了陪同 Y 女士前往东京的两位护工，他们表示由于没有此类经验，整个过程非常紧张，而且在新干线上进行排泄介护非常辛苦。但看到 Y 女士兴奋和开心的样子，他们也感到非常高兴，认为这次经历非常宝贵，付出的辛苦是值得的。我也感受到了他们的成长。

通过 Y 女士的东京之旅，我意识到旅游也是一种改善生活质量的方式，真正理解了书本上提到的"生活质量"的含义。养老院的一个重要任务是改善利用者的生活质量。虽然这是一个比较特殊的例子，但我开始探索如何提高养老院中入住者的生活质量。当时我还在学习福祉，对福祉用具不太了解，但我注意到大多数入住者大部分时间坐在轮椅上或躺在床上，因此轮椅和介护床是非常重要的福祉用具——当时我们养老院还有许多旧式、不太舒适的轮椅和手动调节高度的介护床，我意识到有必要引进更好的设备。同时，我也意识到轮椅与介护床之间的移位问题，这成为我开展腰痛预防项目的动机之一。

腰痛预防项目

2017 年，我在专门接收重度失能和失智老人的特别养护养老院启动了"腰痛预防项目"，其目的是减轻护工的腰痛问题。早在 2013 年，我开始从事养老行业，当时就引进了用于移位的介护起重器等设备。

这些介护用具虽然可以减轻护工的负担，但护工需要学习操作方法，研究适合现场的运作方针，并编写工作标准，还需要根据实际情况及时更新工作标准。这些工作都需要时间，并且在磨合期内可能暂时降低生产效率。一些护工由于不愿投入时间进行改进，陷入了"U 字法则"的困境，不愿使用这些用具。确实，适应新体制和新流程需要时间，并需要反复试错以找到最佳解决方案。然而，磨刀不误砍柴工，经过磨合期后，生产效率会大幅提高。新项目的生产效率最终将超越旧方式，并有效减轻护工的负担。

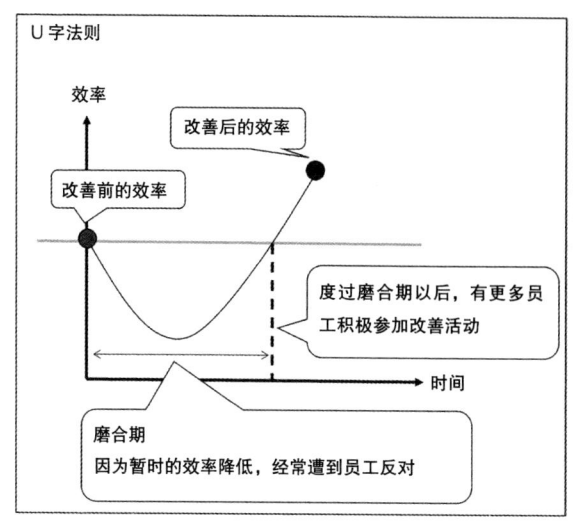

```
┌─────────────────────────────────────────────┐
│ U 字法则                                     │
│                                             │
│      效率                                   │
│       ↑      ┌──────────────┐               │
│       │      │ 改善后的效率 │                │
│       │      └──────┬───────┘               │
│       │    ┌────────┐    ●                  │
│       │    │改善前的│   ╱                   │
│       │    │ 的效率 │  ╱                    │
│       │    └────┬───┘ ╱                     │
│       │       ● ╲    ╱                      │
│       │─────────╲───╱─────────              │
│       │          ╲ ╱                        │
│       │           ╲    ┌────────────────┐   │
│       │           │    │度过磨合期以后，│   │
│       │           │    │有更多员工积极参│   │
│       │           │    │加改善活动      │   │
│       │           │    └────────────────┘   │
│       │ ←───────→ │                         │
│       └───────────┴──────────────→ 时间     │
│            │                                │
│       ┌────┴──────────────────────┐         │
│       │ 磨合期                    │         │
│       │ 因为暂时的效率降低，经常  │         │
│       │ 遭到员工反对              │         │
│       └───────────────────────────┘         │
└─────────────────────────────────────────────┘
```

图 23　U 字法则

然而，在项目初期，护工未能切实感受到负担的减轻，无法摆脱 U 字法则的困境，导致项目失败，购置的设备被搁置在仓库中。

2015 年，我升任法人常务理事兼特别养护院院长，重新启动腰痛预防项目。吸取前两年的失败经验，这次做了充分的准备。首先，我让部分护工参加了腰痛预防和介护起重器的培训，培养出改进活动的核心成员。2017 年，理事会批准了项目的实施并拨款，聘用了一名物理治疗师，组建了"腰痛预防项目小组"。小组直接隶属院长领导，指定一名护工为组长，物理治疗师为副组长，并从每个介护单元中选拔成员。此外，介护主任以顾问身份参与项目,并聘请了一位从人体工学角度研究腰痛预防的专家定期指导。随后,我们开始引进各种介护用具、IT设备和介护机器人。

安全第一的理念

汽车是一种非常有用的工具,但如果不遵守交通规则,随意驾驶,汽车就可能变成凶器,导致严重事故。同样,介护用具可以成为非常便利的工具,也可能变成伤害入住者的凶器。因此,我注重培养护工按规定方法使用工具并进行维护的意识。此外,在介护操作中,注重培养护工不弯腰、不扭腰,保护腰部的意识。只有确保安全,才能安心,进而享受舒适的生活。实现安全、安心、安逸的"3A"目标是腰痛预防项目的任务。

介护用具

新型轮椅

此前,养老院中大多数轮椅为旧式固定扶手设计,在移位介护时,入住者或护工的身体容易碰到扶手,导

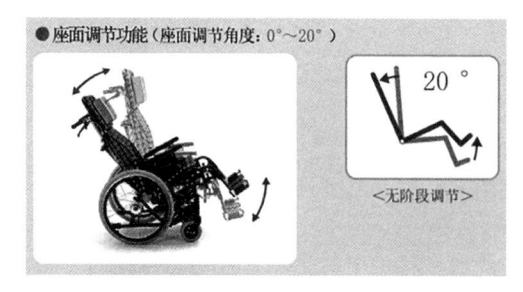

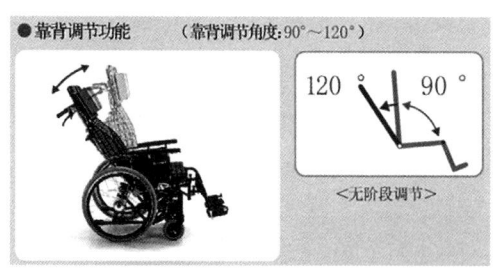

●座面调节功能（座面调节角度：0°～20°）

20°
<无阶段调节>

●靠背调节功能 （靠背调节角度：90°～120°）

120° 90°
<无阶段调节>

图 24 多功能型躺靠轮椅

致介护事故，成为介护操作的一大障碍。因此，我们陆续引进了可以掀开扶手、向外打开并拆除脚垫的轮椅，减少了介护事故的发生率。我们还考虑了入住者的舒适性，选择了可以调整座面的轮椅。

移位滑布

移位滑布适用于全失能入住者。使用时，将摩擦系数低的塑料布夹在入住者和床之间，轻轻推动老人的身体即可安全移位。这种滑布有长方形毯式和圆柱滚筒式两种形式，并且分为几种尺寸。这种滑布非常滑，如果操作不当，容易引发介护事故。同时，还强调了护工操作时的姿势，避免弯腰和扭腰。此外，还规定了滑布不用时的保管方法、洗涤方式，以及布料的更换标准。因为如果滑布不再光滑，护工勉强推动老人身体，可能导致介护事故。

移位滑板

移位滑板可以搭在床与轮椅之间，利用重力让入住者滑下来。护工无须抱起老人，若能熟练使用，这将是一种非常好的工具。然而，如果使用不当，可能存在安全隐患。例如，从床移到轮椅时，因操作不当导致滑动速度过快，会使入住者撞到轮椅上。此时，如果护工不加注意，老人的手脚可能会撞到扶手或脚垫，导致介护事故。此外，如果老人下滑时坐在轮椅前端，护工还需要从轮椅后方将入住者抱起并向后移动。这种操作也可能引发皮下出血等事故。为了安全起见，我规定必须由两名护工共同操作。此外，由于养老院的轮椅多为旧式设计，无法掀开或拆卸扶手，因此我们同时开始更新轮椅，购买了可以拆卸扶手和脚垫的新款产品。虽然在一段时间内移位滑板发挥了重要作用，但随着腰痛预防项目的进展，其他工具逐渐增多，可以选择更安全、更便捷的方法，因此移位滑板的使用逐渐减少。类似的工具还有适用于床与担架之间的移位滑垫，适用于床与倾斜轮椅之间的 U 形滑垫。

介护起重器

在启动腰痛预防项目之前，我购买过一台移动式介护起重器。然而，由于准备不足，且未对护工进行培训，护工们不了解起重器的好处，也没有使用它，结果起重器一直被搁置在仓库里。然而，为了实现不抱起的介护，必须使用介护起重器。因此，我让项目小组与供应商讨论如何重新引进起重器，并听取了专家的意见。

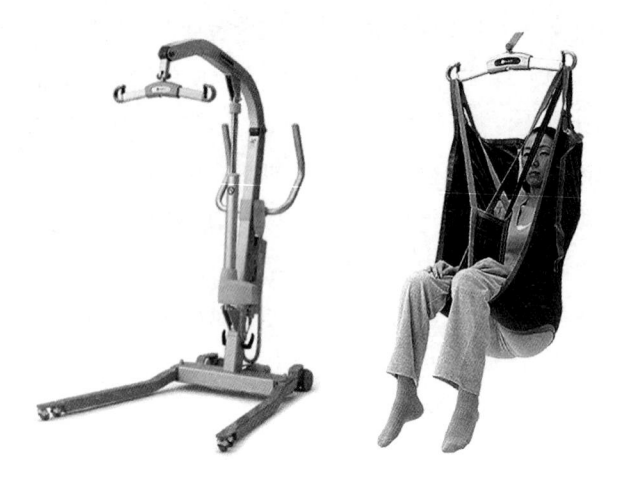

图 25　移动式移位机和吊袋

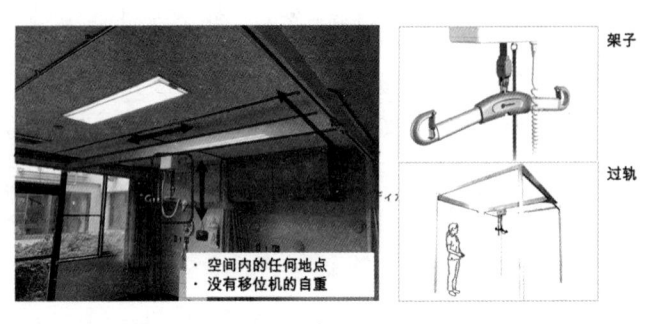

图 26　H 轨三维起重器

由于腰痛预防小组一边进行日常介护工作，一边参与改善活动，他们花了 1 个月的时间才提交了关于起重器及相关产品的报告和报价单。报告中提到，最应采购的是一种放置在更衣室内的固定式三维起重器。这个更衣室是为了让入住者能够平躺着泡澡的特殊浴室的配套设施，而这种起重器的安装轨道需要覆盖整个更衣室。报告阐明了采购理由：首先，护工轮流负责特殊浴缸的介护工作，因此每个护工都有操作起重器的机会；其次，泡澡前后，老人身上没有衣物，抱起裸体老人比较困难，特别是刚从浴缸出来后湿漉漉的身体。

操作流程建议如下：

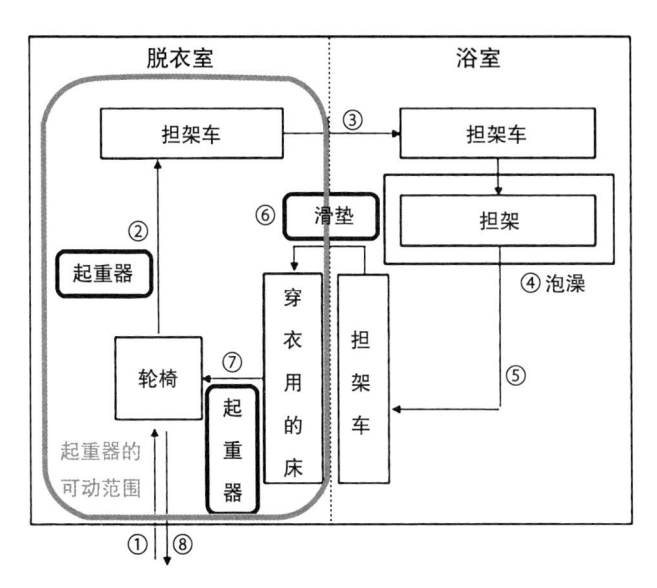

图 27 起重器操作流程图示

腰痛预防项目

①入住者坐轮椅到达特殊浴室；

②用起重器将入住者从轮椅移到特殊浴缸专用的担架车上并脱衣；

③将担架车推到特殊浴缸旁；

④将担架移至特殊浴缸上，进行泡澡；

⑤泡澡后，将担架重新放在担架车上，并移至更衣床旁；

⑥用滑垫将入住者从担架车移到更衣床上，擦干身体并穿好衣服；

⑦用起重器将老人移回轮椅；

⑧入住者坐轮椅回房间。

另外，若起重器操作不当，可能导致严重事故，甚至死亡。为了确保安全，我们制定了法人内部的起重器操作资格考试。

我认为这个方法可行，而且在安全方面考虑得非常周到。但由于价格较高，超出了我的审批权限，因此我撰写了审批书并提交给理事长。他看后立即盖章批准。我随即与小组联系，并向供应商下了订单。很快，起重器便到货并安装完成。

起初，许多护工不愿意使用起重器，认为用手抱起老人进行介护要快得多。如果强制要求护工参加考试，可能会导致部分护工辞职，因此我们没有采取强硬措施，而是让小组成员耐心地教导其他护工。刚开始时，只有小组成员使用起重器。然而，过了一两个月，又有几位护工开始使用起重器。这些护工原本都有腰痛问题，他们发现使用起重器后，自己的身体负担大大减轻，因此积极向小组学习操作方法，通过资格考试后开始使用起重器。他们还发现，使用起重器吊起并移动入住者时，可以与入住者面对面聊天，而之前他们在用力抱起入住者时，需要集中注意力保护自己的腰部，几乎无法与入住者进行交流。入住者在吊袋中也感到放松，减少了紧张和不适。护工们逐渐认识到，只要花点时间学习操作，就能突破U字法则的困境，之后的操作将变得更加轻松，还能为入住者提供更好的服务。其他护工听取了第一批使用起重器护工的经验，也开始逐步学习起重器的操作。大约1年后，大部分护工都取得了法人内部的操作资格。

护工们意识到介护起重器的使用对自己和入住者都有好处后，将几年前存放在仓库中的移动式起重器重新拿出来，开始在最需要的班组中使用。不久后，出现了我未曾预料的情况：护工们开始催促我购买更多的起重器。然而，由于预算限制，我无法立即购置大量起重器，这引起了部分护工的不满。最终，我们只能逐步增加起重器的数量。

特殊浴缸

日本人非常喜欢泡澡，这对入住者来说是最大的乐趣之一。养老院一般使用两种特殊浴缸：可以躺在特殊

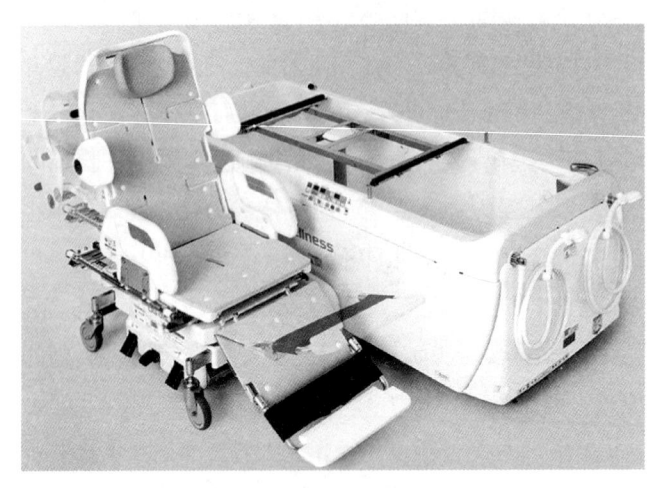

图 28 可以躺在特殊担架上的浴缸。将担架移到浴缸上，浴缸上升后可以泡澡。泡澡结束时，浴缸下降

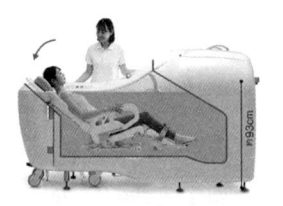

图 29 可以坐在特殊椅子上的浴缸。将椅子移到浴缸里，关上门，水槽里的温水流入浴缸里，泡澡结束时温水回到水槽里进行过滤消毒

担架上的浴缸和可以坐在特殊椅子上的浴缸。

工作标准和视频

为了提供高质量的服务，标准化介护动作至关重要。如果每位护工都按照自己的方式提供介护服务，服务水平将存在差异。我们通过两个步骤来完善工作标准。

第一步是制定工作标准。富山县社会福祉协议会几年前启动了"腰痛预防对策榜样福祉机构"评选活动，将采用介护用具等措施进行腰痛预防的介护机构指定为榜样机构。一旦被指定为榜样机构，将被视为注重护工劳动安全的优秀机构，有助于招聘护工。因此，我们在启动腰痛预防项目的同时，开始准备申请成为榜样机构。申请时需准备多项文件，其中最重要的是腰痛预防计划和每种介护用具的工作标准书。我们之前的一些介护手册是用 Word 编写的文字版手册，而此次小组参考了工业领域的标准书，增加了大量照片，制作了详细的腰痛预防计划和每种介护用具的工作标准书。第二步是拍摄操作视频，并上传至办公系统，让护工可以随时观看视频，学习介护方法。

介护机器人

根据厚生劳动省的资料,介护机器人为具备以下三种要素的智能化机器系统:一是感知信息(感应器系统),二是判断(智能、控制系统),三是动作(驱动系统)。应用介护机器人技术,能够帮助老年人自立并减轻护工负担的介护设备被称为介护机器人。

在日本的定义中,介护机器人不要求具有人形外观。除了少数用于交流支援的机器人外,大多数介护机器人并不具备人形外观,也不像人们想象中的机器人。经济产业省和厚生劳动省共同支持的介护机器人开发项目涵盖了以下领域:移位转移支援、移动支援、排泄支援、监护和交流支援、入浴支援及介护业务支援。

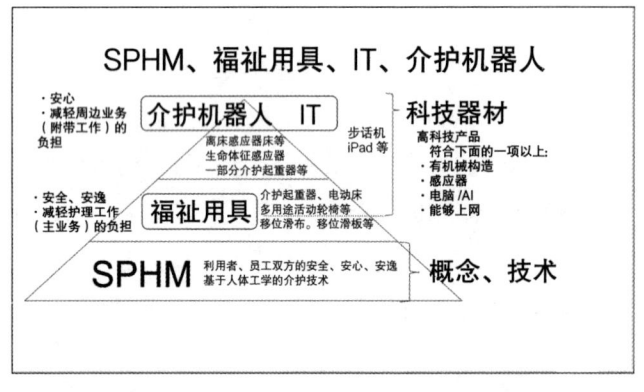

图30 SPHM、福祉用具、IT、介护机器人图解

早在2016年，日本政府就开始实施"介护机器人引入支援特别事业费补助金"，由市町村代表国家执行。为了应对护工短缺，政府提倡使用介护机器人减轻护工的负担，并试行发放补贴。腰痛预防项目进入第3年后，我们被指定为"富山县介护机器人普及促进榜样对象设施"，并获得了县政府发放的介护机器人引进补贴。

当时我们对介护机器人了解不多，只知道配备感应器的电动床是补贴对象之一，当入住者离床时，感应器会通知护工，这部分感应器相当于介护机器人。于是我们申请了4台感应器电动床。新电动床送到时，大家都来观看所谓的介护机器人。由于感应器部分藏在床下，它看上去只是一张普通的床。这个所谓的介护机器人在护工眼中也只是最新款的电动床。

图31　感应器电动床

随着护工短缺问题日益严重，国家启动了由县政府主持的介护机器人补贴制度。当县政府公布新补贴办法时，我们迅速选定了以下两种机器人。

第一种是离床支援机器人。这款产品非常独特，电动床的一部分可以分离出来，变成一张既可躺卧又可坐起的轮椅。过去，全失能的入住者只能整天躺在房间里，护工需要进房间为其进行进食介护。这种离床支援机器人可以直接将入住者带到大厅，由护工进行进食介护。这样，护工可以同时照顾其他入住者，还能让入住者们聚集在一起用餐、聊天，避免孤单，提高生活质量。

第二种是移位支援机器人 Hug。它是一种帮助入住者起坐的介护起重器，操作简单。将机器人的"手"插入入住者的腋下后，机器人可以轻松地将入住者抱起，移动到指定位置后再轻轻放下。不过，需要注意的是，这个机器人对使用者的身体机能有一定要求，如能抓住把手、能保持站立姿势等。在使用前，必须评估入住者的残存机能，否则可能发生严重的介护事故。

2020 年 2 月，我院的特养部引进了"睡眠 SCAN"监护支援机器人。这款设备将感应器放置在床垫下，能够监测心率、呼吸和体动，并在终端设备上显示入住者的状态，包括睡眠、醒来、离床以及呼吸和心率的数值。当生命体征异常或入住者下床时，感应器会发出警报通知护工。通过睡眠记录的分析，我们可以科学地

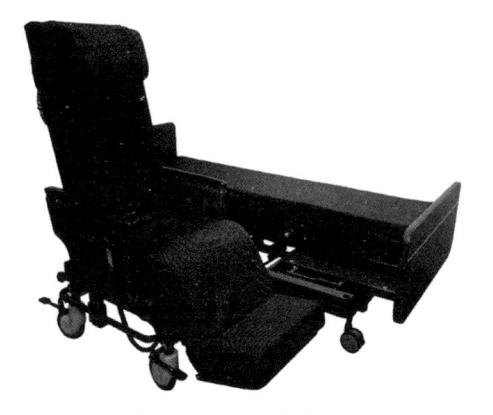

图 32 离床支援机器人

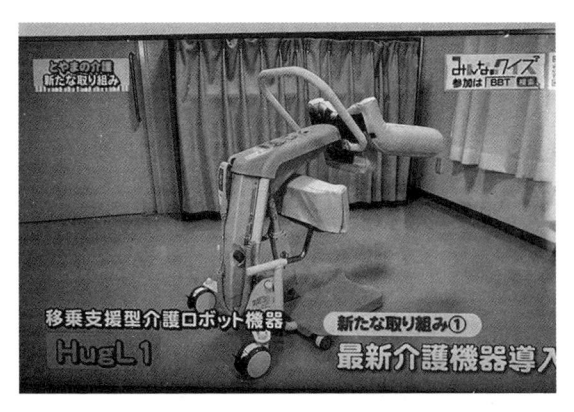

图 33 移位支援机器人，出自日本富山电视台
介绍我院最新介护机器人的节目

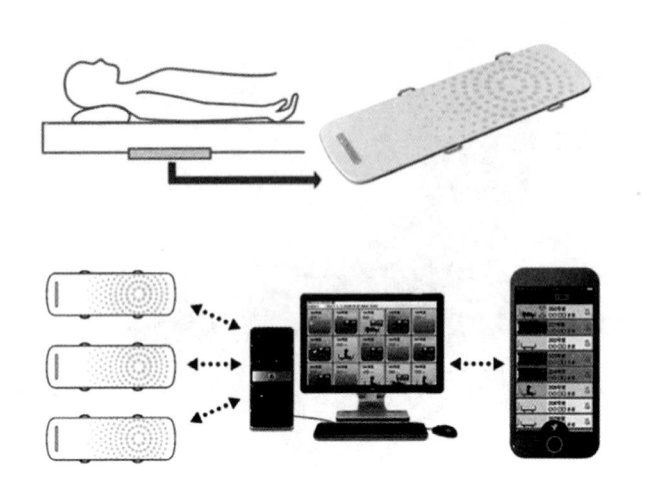

图 34　监护支援机器人

评估并改善高龄者的睡眠质量。

在养老院，白天大部分入住者集中在大厅，护工的巡视负担相对较小。然而，夜间护工需要每小时巡视一次，进入每个房间确认入住者的状态，一圈下来至少需要 40 分钟。回到护工站后，几乎马上又要开始下一次巡视，这使得护工非常疲惫。但自从引进监护支援机器人后，护工不仅可以在护工站通过大屏幕监控入住者的状态，还可以随时随地通过 iPad 进行查看。我们因此取消了夜间巡视，大大减轻了护工的工作负担，同时为护工提供了科学数据，帮助他们改进介护方法。没有了巡视时的干扰，入住者的睡眠质量也得到了提升。

2020 年，新冠疫情暴发，4 月政府发布紧急事态宣言。在第一波疫情高峰过后，国家拨款实施了"紧急综合支援交付金"计划，其中包括"彻底实施感染症对策的介护服务提供支援事业"。我们说明了使用介护起重器和介护机器人可以减少入住者与护工的皮肤接触，从而降低感染风险。政府批准后，我们购买了 2 台三维介护起重器和 2 台 Hug 机器人。此外，富山县政府实施了"介护机器人导入扩大支援事业辅助金"计划，这次我们购买了 3 台离床感应器床和 3 台自动体位变换支援床。

离床感应器床具有高速反应功能。虽然"睡眠 SCAN"也能感应离床，但其主要功能是监测心率、呼吸和身体动作，因此离床反应稍慢。有时护工赶到入住者房间时，入住者已经离床。有了离床感应器床，护工可以更及时地到达入住者房间。

另一种设备是自动体位变换支援床，虽然未被认定为介护机器人，但是它能够防止入住者发生褥疮，改善高龄者的睡眠质量，并减轻护工的负担，所以县政府特批为介护机器人的辅助金对象。具体来说，护工每 3 小时需到入住者房间为其翻身的工作量可以完全减少，同时护工在翻身操作中的体力消耗也降为零。过去人工翻身时，护工必须触碰入住者的身体，常常导致入住者醒来。而自动床则能以最合适的频率帮助入住者不知不觉地变换体位，丝毫不影响睡眠。对于多床房的入住者来说，还能避免因护工为他人翻身而被打扰，导致醒来。

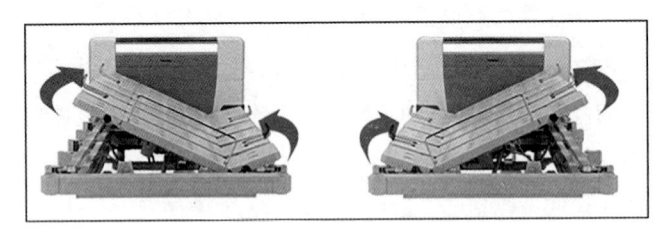

图35　防止褥疮的自动体位变换支援床

2021年4月,我们在短期入住部引进了30台"睡眠SCAN",至此,特养和短期入住部的全部120张床位都配备了"睡眠SCAN",实现了每位入住者拥有"机器人"的目标。

如前所述,我们使用的介护机器人主要分为两大类：一类是非穿戴型的转移支援机器人,另一类是监护用机器人。我们也尝试过可穿戴型转移支援、排泄支援、交流支援和监控式监护支援等多种机器人,但它们都未能满足我们的需求。实际上,介护机器人还有很大的发展空间,在政府的支持下,许多公司也纷纷投入开发。

腰痛预防项目的成效

浴室内起重器的成功引进后,护工们对起重器的需求日益增加。为此,我们拨出预算,在一年内依次购买了2台移动式和3台三维介护起重器，并将三维介护起重器分别安装在单人房、双人房和4人房。同时，我们为一些入住者调整了房间，将需要使用介护起重器的人员搬到"起重器室"。此时，我们遇到了一些家属的反对意见，他们认为"用机器进行介护缺乏人情味"。对此，我们反复解释了起重器的好处，并邀请家属亲自体验人工介护与起重器介护的区别。体验过的家属纷纷表示，使用起重器进行介护更加安逸，并同意让亲人搬到起重器室。

后来，我们让生活资讯员在接待新入住申请时，事先向申请人和其家属说明，为了入住者和护工的安全及提高服务水平，我们将使用起重器等介护用具和IT设备，并要求他们同意后再接受入住申请。由于我们已经在这方面积累了一定的声誉，没有人表示反对。

经过腰痛预防项目的实践，护工们的需求也发生了变化，从"购买起重器"转变为"购买三维起重器"。因为移动式起重器本身较重，再加上入住者的体重，移动时需要一定的力气。虽然比以往手工抱起的介护轻松得多，但仍不如三维起重器省力。三维起重器可以直接支撑入住者的全部体重，护工将其吊起后，只需轻轻推动即可完成移动。此外，移动式起重器需要较大的空间，活动范围有限，而三维起重器可以在四根支柱内的任何位置自由使用。

我们对护工进行了调查，发现腰痛的发生率明显下降。同时，我在统计事故报告书时发现，入住者的皮下出血率也有所降低。我坚信，继续推进腰痛预防项目的活动，可以实现更加安全的介护环境。

随着引进新设备的深入，腰痛预防项目逐渐演变为涵盖介护用具、IT技术和介护机器人的综合改善活动。

2021年1月，厚生劳动省的外围团体Techno-aids协会举行了介护机器人全国研讨会。由于疫情原因，会议在网上举行。我受邀在会上发言，介绍了我们养老院在安全介护理念下，综合运用介护用具、机器人和IT技术的经验。此后，许多人希望参观我们养老院，但由于新冠疫情，为了保护入住者的安全，我们婉拒了所有参观请求。

2021年10月，厚生劳动省的官员到我们养老院参观。2022年，县政府官员、大学教授等也陆续前来参观。我们还与富山县社会福祉协议会合作，拍摄并传播了"介护的魅力"视频《NEXT GENERATION介护》，并参与拍摄了全国老人设施协议会的科学介护实例介绍视频，演讲邀请的也增多了。之后我们又购买了一些介护起重器等设备，腰痛预防项目取得了显著成功。

以上是我们养老院的情况。日语有句俗话："百社百样"，意思是100个公司有100种做法，就像每个人都有不同的特点。介护事业所也是如此。我们在引进新设备时，每次都会先评估入住者的需求，并分析介护用具、IT技术和介护机器人，以选择最适合我们的产品。但我们引进的设备不一定适合其他事业所。因此，每个事业所都应根据自身情况进行调查和分析，然后再引进新的设备。

然而，有一条"百社一样"的永恒不变的基本原则，那就是安全。无论是对入住者还是对护工（以及所有工作人员）的安全保障，都是提供安心感和舒适环境的前提。

延伸阅读

政策与实践的脱节

1947年,厚生省的劳动行政部门从厚生劳动省分离出来,成立了劳动省。2001年,厚生省和劳动省又再次合并。据说,原厚生省系官员与劳动省系官员之间关系不佳,几乎没有什么联系。

原厚生省系的老健局主张利用IT和介护机器人来减轻护工的负担,而原劳动省系的劳动局则提倡通过改善工作环境来减少护工的腰痛。我的理论是,IT和介护机器人可以减轻护工的周边工作负担,而介护用具则能够减轻护工的主要工作负担。只有二者有机结合,才能真正减轻护工的负担。

2022年,为了减少正处于上升趋势的跌倒和腰痛等劳动伤害,国家决定在每个县的各行业组织"+safe协议会",共同探讨减少劳动伤害的办法,并提出解决方案。于是,富山劳动局组织了"富山县介护机构+safe协议会",并邀请我参加。然而,参加后我却发现,富山劳动局的工作人员对介护保险和养老现场几乎一无所知,甚至对劳动局内部的事务和文件也不甚了解。

事实上,早在2013年,劳动局发布的《工作岗位的腰痛预防对策指南》就已经指出了护工腰痛的成因和对策。成因包括:介护对象的因素、劳动者的因素、福祉用具的状况、介护姿势和动作、工作环境、组织体制以及心理和社会因素等。对策包括：利用介护对象的残存机能进行介护，积极使用福祉用具，重新评估介护姿势和动作，尤其是抱起和介护姿势。而劳动局仅发布了指南，却在此后9年时间里没有做任何护工腰痛预防的相关工作，直至2022年才开始重视这一问题。

为了减少护工的离职率，劳动局设立了每三年可申请一次的"职场留住支援助补助金（介护福祉机器）"。申请时需要制定离职率的数字目标。批准后，可以购买介护起重器、穿戴型移位支援设备、福祉车辆的轮椅用升降器、空气垫、特殊浴缸和担架车。如果达到目标，补助率为35%；未达到目标则为25%，上限为150万日元。比如，如果购买428万日元的设备，可以获得150万日元或107万日元的补助；如果购买100万日元的设备，则只能获得25万—35万日元的补助。由于每三年才能申请一次，我慎重选择将这笔补助金用于更换特殊浴缸。

在协议会上，我提出，抱起来的介护仍是主流，最需要的是介护起重器和培训。虽然厚生劳动省推动IT和介护机器人（不包括移位支援机器人等起重器型机器人），这些设备有利于减少周边工作的负担，但无法根本解决护工的腰痛问题。因此，我特别希望能获得购买起重器的财政支持，即提高"职场留住支援助补助金"的频率和补助率，设立专门用于购置介护起重器的补助金，并将现行 IT 和机器人的补助金范围扩大至起重器。

然而，他们却说补助金很难申请，跨部门合作也很困难。我回应道："徒手介护对介护对象和护工双方都不安全。我们必须配备'武器'，精神论行不通。"但我的发言毫无效果，至今没有任何改变。唯一的变化是，参加会议后，我们法人的名字出现在了鲜有人关注的+safe 协议会网站上。

同期，我还与富山劳动局的另一个部门接触，顺便介绍日本社会的另一个问题。

在经济合作与发展组织每年进行的女性工作环境调查中，日本在 29 个国家中排名第 28 位，倒数第二。每年倒数第一的是韩国。我不禁想，是该庆幸比韩国略好，还是为与韩国同样低的排名感到难过？

日本政府在 2022 年实施了《女性活跃推进法》，要求各事业所制订《基于女性活跃推进法的一般事业主行动计划》，以提高女性在职场中的地位。例如，规定在某个年份之前将女性管理者的比例提高到一定水平。然而，制定法律时，政府并未考虑到某些行业早已是"女人的世界"。

比如，养老行业的主力便是女性。在我们养老院，男女员工的比例是 2∶8，男性反而是少数。女性管理者的比例也超过了 50%。我实在不知道如何制订这个行动计划，于是打电话给劳动局，说明情况，并询问是否仍需制订计划。劳动局的回答是，由于这是法律规定，仍需执行，请我理解。我再三说明不知该如何制订。她还是重复说，这需要由各事业所自行制订。我无奈地挂了电话，然后随便写了计划书提交了，反正劳动局也不检查内容。我深感他们早已脱离了计划的初衷，只是为了制订而制订，只要管辖内的事业所提交了计划，他们就心满意足。在日本，这样毫无意义的工作实在太多了。2022年，日本国会中有多少女议员？只有15.4%。内阁中有多少女大臣？在20个大臣席位中，只有2个，10%。他们应该从自身开始做起。

认知症应对项目

介护生理学

在深入了解认知症应对项目之前，有必要先了解介护生理学。它与 SPHM 共同构成科学介护的核心基础。SPHM 主要关注介护动作的科学性，而生理学则聚焦对人体机能的理解。准确掌握两者的特性，是减少被介护者生命力消耗的关键。

以养老院中常见的护理工作剪指甲为例。护工为入住者剪指甲时，有时会不小心剪得过深，导致出血，这就属于生命力的消耗。这类事故的报告中，应对对策通常是"剪时小心点"。一次生理学培训让我意识到，这种事故的根源并不仅是护工的疏忽，还有缺乏对指甲生理结构的深入了解，导致了误判。

剪头发时，人们通常不会剪到头皮，因为头发与头皮的界线清晰可见。然而，指甲的结构较为复杂，隐藏着"机关"，只有通过学习生理学才能准确把握。这一"机关"指的是甲板（粉红色部分）与指尖（白色部分）之间的"黄线"（游离缘），它的功能是防止甲板与甲床分离。剪指甲时，只要剪到黄线外，就能有效避免出血事故。

此外，掌握正确的剪指甲方法同样重要：要从指甲边缘开始，在黄线外一点一点地剪出弧形。这种方法虽然比直接从中间剪更费时，但能避免指甲裂开，从而更安全。剪完后需要使用锉刀修整形状。洗澡后，指甲因吸水变软，更容易剪（但美甲师提醒，指甲在洗澡后可能会轻微膨胀，剪后会略微收缩）。因此，如果不洗澡，也可以通过将指甲浸泡在水中使其变软，从而更方便操作。

从生理学的角度来看，剪指甲可以归入"循证介护"的范畴，这是一种科学的介护方法。基于介护生理学的理论，我将剪指甲出血事故的应对对策改为"剪到黄线外"，事故发生率随之大幅降低。通过学习介护生理学，护工不仅可以减少对被介护者生命力的消耗，还能显著提高介护的安全性和舒适度，进而为被介护者提供更加安心的服务。

介护生理学的意义远不止解决剪指甲这类"小事"，它更重要的使命是应对认知症等复杂课题。然而，只要护工掌握足够的介护生理学知识，就能化繁为简，逐步攻克认知症介护中的难关。

认知症

认知症，全名认知障碍症，是指由于后天性脑损伤导致认知功能持续衰退，从而引发日常生活和社交生活问题的约 70 种疾病的总称。认知症以前被称为老年痴呆或痴呆症，但由于"痴呆"一词带有歧视意味，现在已改为"认知症"。其中，阿尔茨海默病型是认知症中最常见的类型。

认知症有核心症状和周边症状之分。核心症状是由脑细胞损害引起的，主要表现为记忆障碍、理解力和判断力的障碍、定向力障碍（如时间、场所等的混淆）、语言障碍等。周边症状则是认知症患者在个性、特质、环境及心理状态的影响下出现的行为，主要包括幻觉和妄想、徘徊、激动和暴力、不洁行为、抑郁状态、谵妄等。

目前，各国制药公司正积极研发治疗认知症的药物，已有推迟认知症进程的药物问世。然而，目前尚无药物能够治愈认知症的核心症状。通过对认知症患者进行分析，并采取准确的应对措施，可以缓解和改善周边症状。

2014 年，在厚生劳动省的社会保障审议会上，九州大学大学院医学研究所的二宫利治教授发表了一项研究结果：《认知症患者数量的未来估算》。根据这项研究，估计到 2025 年，日本认知症患者人数将为 675 万—730 万人。

四大类型		
	阿尔茨海默病型	67.6%
	血管型	19.5%
	路易体型	4.3%
	额颞叶型	1.0%
	其他	7.6%

无	第 1 阶段	无损伤
预兆	第 2 阶段	极轻微的认知能力衰退
轻度	第 3 阶段	轻度认知能力衰退
中度	第 4 阶段	中度认知能力衰退
	第 5 阶段	稍严重认知能力衰退
重度	第 6 阶段	严重认知能力衰退
	第 7 阶段	极严重的认知能力衰退

核心症状：记忆障碍、理解力和判断力的障碍、定向力障碍（时间、场所等）、语言障碍等

看不见

周边症状：个性、特质、环境、心理状态
幻觉和妄想、徘徊、激动和暴力、不洁行为、抑郁状态、谵妄等

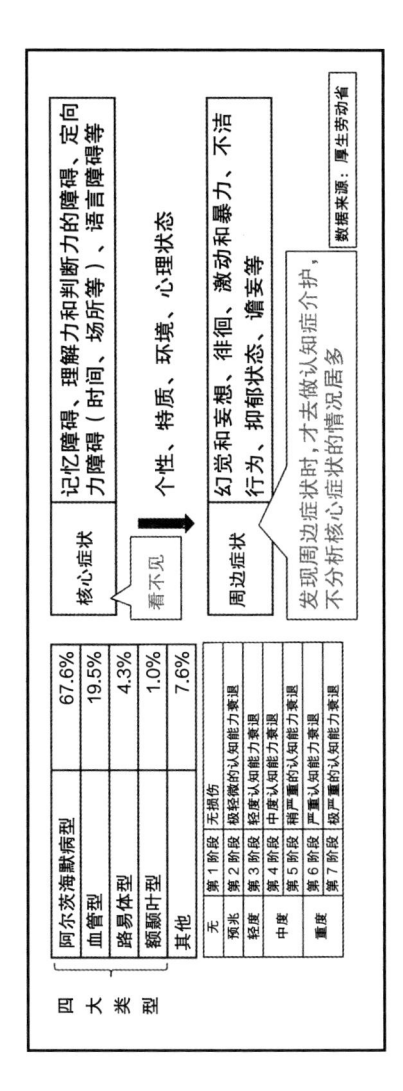

发现周边症状时，才去做认知症介护，不分析核心症状的情况居多

数据来源：厚生劳动省

图 36 认知症的四大类型和症状

认知症应对项目 201

表5 日本认知症患者数量的未来估算（2014年）

年份	各年龄的认知症有病率不变时的未来估算人数/（率）	各年龄的认知症有病率上升时的未来估算人数/（率）
2012	462万人 15.0%	462万人 15.0%
2015	517万人 15.2%	525万人 15.5%
2020	602万人 16.7%	631万人 17.5%
2025	675万人 18.5%	730万人 20.0%
2030	744万人 20.2%	830万人 12.5%
2040	802万人 20.7%	953万人 24.6%
2050	797万人 21.1%	1016万人 27.0%
2060	850万人 24.5%	1154万人 33.3%

政府根据这一调查结果推进了认知症对策，并构建了应对认知症的介护体系：

·培养认知症应对人才（如认知症介护实践者、实践主任、指导者等）；

·建设认知症应对型介护事业所；

·推行"认知症支援者养成讲座"，在全国范围内培养理解认知症的人；

· 于 2024 年实施《认知症基本法》。

2024 年，日本内阁官房召开了第二次认知症政策推进会议，时隔 10 年，二宫教授在会上发布了最新调查结果。新的调查结果显示，预计到 2025 年，认知症患者人数为 443.3 万至 500 万人，相比 2014 年的估算，减少了 200 多万人。

表 6　日本认知症和轻度认知障碍患者数量的未来估算（2024 年）

年份	认知症 患者估算数 (95%CI)(万人)	认知症 有病率 (95%CI)(%)	轻度认知障碍 患者估算数 (95%CI)(万人)	轻度认知障碍 有病率 (95%CI)(%)
2022	443.2(418.0-468.4)	12.3(11.6-13.0)	558.5(382.0-735.1)	15.5(10.6-20.4)
2025	471.6(443.3-500.0)	12.9(12.1-13.7)	564.3(487.0-641.5)	15.4(13.3-17.6)
2030	523.1(492.7-553.6)	14.2(13.3-15.0)	593.1(516.3-669.9)	16.0(14.0-18.1)
2035	565.5(533.5-597.5)	15.0(14.1-15.8)	607.7(530.6-684.7)	16.1(14.1-18.1)
2040	584.2(551.0-617.3)	14.9(14.0-15.7)	612.8(533.4-692.2)	15.6(13.6-17.6)
2045	579.9(546.7-613.2)	14.7(13.9-15.5)	617.0(536.2-697.9)	15.6(13.5-17.6)
2050	586.6(552.8-620.5)	15.1(14.2-16.0)	631.2(547.9-714.4)	16.2(14.1-18.4)
2055	616.0(580.9-651.0)	16.3(15.4-17.2)	639.6(558.0-721.4)	16.9(14.8-19.1)
2060	645.1(608.7-681.4)	17.7(16.7-18.7)	632.2(551.4-713.0)	17.4(15.1-19.6)

CI:置信区间

二宫教授分析了这些数字：轻度认知障碍和认知症患者，2012 年为 28.0%，2022 年为 27.8%（-0.2%）；轻度认知障碍患者，2012 年为 13.0%，2022 年为 15.5%（+2.5%）；认知症患者 2012 年为 15.0%，2022 年为 12.3%（-2.7%）。因此，可能是从轻度认知障碍转变为认知症的比例降低了。

二宫教授指出，认知症患者减少的原因包括：日本人吸烟率的下降；中年期至老年早期对高血压、糖尿病及血脂异常等生活习惯病管理的改善；健康信息和教育的普及，使人们的健康意识有所提高。这些都在抑制认知功能衰退方面起到了重要作用，因而降低了认知症的患病率。这一调查结果非常有参考价值，对于预防认知症具有重要的启示。

《认知症基本法》

由于认知症患者数量的急剧增加，2024 年，日本政府颁布了《认知症基本法》，其目的是"全面、系统地推广认知症措施，使认知症患者能够维护尊严并充满希望地生活"。为了实现共生社会，该法规定了七项基本原则：

1. 所有认知症患者都能够按照自己的意愿过日常生活和社会生活，作为享有基本人权的个体。

2. 加深国民对认知症的正确认识和对认知症患者的理解，这是促进实现有凝聚力社会的必要条件。

3. 通过消除认知症患者在日常生活和社会生活中的障碍，所有认知症患者不仅能够过上安全、安心、自立的生活，还可以作为社会的对等成员自立生活。他们能够充分展示自己的个性和能力，有机会就与自己直接相关的事务发表意见，参与社会各领域的活动。

4. 充分尊重认知症患者的意愿，持续提供优质、适宜的医疗保健和福利服务。

5. 不仅为认知症患者提供支持，还为其家人提供支持，使他们能够在社区中安心地过日常生活。

6. 促进有助于实现有凝聚力社会的研究，以及对认知症和轻度认知障碍的预防、诊断、治疗和康复的研究。研究内容包括介护方法、认知症患者如何参与社会，使他们能够充满希望地生活，同时维护尊严，并建立一个让认知症患者能够与他人共存、互相支持的社会环境。国民可以广泛享受基于与上述事项相关的科学知识的研究成果。

7. 在教育、社区发展、就业、卫生、医疗、福利等相关领域综合开展。

国家和地方政府有责任按照基本原则制定和实施认知症措施。政府制订"认知症施策推进基本计划"，都道府县和市町村制订各自的认知症施策计划。国民应加深对认知症及其患者的正确认识，这是推动实现一个有凝聚力社会的必要条件，并为实现这一目标作出贡献。政府将采取必要的立法、财政和其他措施来实施认知症相关政策。法律还明确规定了其他医疗、福利服务事业者和基础设施服务提供者的责任。

具体施策包括：

1. 提高国民对认知症患者的了解。通过措施加深国民对认知症及其患者的正确认识，以促进实现有凝聚力的社会。

2. 促进认知症患者的无障碍生活方式。推动创建安全社区的措施落实，使认知症患者能够自立生活，并安心地与他人共处；帮助认知症患者过上自立的日常生活和社交生活。

3. 确保认知症患者参与社会的机会。采取措施，使认知症患者能够有目标、有希望地生活；帮助65岁之前患上认知症的人和其他认知症患者根据其人生意义和能力继续就业，并顺利融入职场。

4. 支持认知症患者的决定和权益保护，并采取措施保护他们的权益。

5. 完善健康医疗保健服务和福祉服务等制度。确保认知症患者无论居住在哪里，都能根据其情况平等地获得适当的医疗保健服务和福祉服务；采取措施提供及时、一贯且高质量的医疗保健和福祉服务；确保根据每个认知症患者的具体情况，提供高质量且适当的医疗保健服务和福祉服务。

6. 完善咨询制度。考虑认知症患者及其家人的情况，综合应对认知症患者及其家人等的各种咨询，建立必要的系统；制定防止认知症患者或其家人被孤立的措施。

7. 推进研究。开展阐明认知症本质、预防、诊断和治疗、康复和介护方法的基础和临床研究，并推广成果；研究如何让认知症患者参与社会，使他们能够维护尊严并充满希望地生活，打造一个可以与他人共存、互相支持的社会环境。

8. 预防认知症。为希望以科学知识为基础进行预防的人提供支持，多举措促进早发现、早诊断、早应对。

由此可见，认知症对策已成为迫在眉睫的问题，日本政府希望全体国民参与建设一个与认知症患者共生的社会。

认知症介护

阿尔茨海默病的确切病因尚未完全弄清，目前较为有力的说法是，脑内积累的 β-淀粉样蛋白和 tau 蛋白这两种蛋白质会阻碍脑神经细胞，导致脑细胞逐渐死亡。最先受影响的是负责储存记忆功能的大脑"海马体"，其萎缩会导致短期记忆的丧失。吸烟、糖尿病、高血压以及特定遗传基因等因素可能与发病风险有关。随着阿尔茨海默病的进展，海马体萎缩逐渐严重，短期记忆进一步丧失。然而，负责情感如"高兴与否""喜好与否"的"杏仁核"则变得更加敏感。因此，在介护过程中，必须考虑每位老人的个性，注重如何让他们在舒适和愉快中度过自己的时光。此外，控制通过重复动作而形成的"内隐记忆"的"基底神经节"和"小脑"在阿尔茨海默病中不会立即丧失。因此，应当发掘老人的"长处"，让他们在日常生活中充分发挥，实现自立支援。

在介护过程中，首先应调整环境和心理状态，花时间倾听老人的生活经历、性格和工作背景等，建立良好的人际关系和信任关系，进而实施个性化的介护。不同类型的认知症有不同的生理特征，掌握这些特征，才能提供合适的介护。

对于阿尔茨海默病型认知症患者，视觉支持如"按这里冲水"的标识和对比鲜明的色彩更容易被识别。然而，对于易产生幻觉的路易体型认知症患者来说，过于强烈的色彩刺激可能过多，反而适合单调的色彩。因此，了解不同类型的认知症并采取相应对策至关重要。

此外，还需要注意的是，听力下降的老年人有时会表现出类似认知症的行为，容易被误认为认知症。但通常情况下，配备助听器后，这类问题可以得到改善。因此，区分认知症与非认知症也非常重要。

在腰痛预防项目启动前，一些护工和护士曾表示希望学习认知症相关知识。2018年，在腰痛预防项目取得一定成果后，我在理事会上提出，为了提高服务水平、激发员工积极性，我们应该建立认知症应对新项目。理事会通过了我的提议。

我们养老院每年都会派员工参加官方的认知症培训，获得证书的员工也较多。除此之外，一些护工和护士对法国的人性护理法（Humanitude）和瑞典的触摸护理法（Taktil Care）表现出浓厚兴趣，因此我们决定建立认知症应对项目。与以小组为单位进行的腰痛预防项目不同，认知症项目以个人为单位，支持那些愿意积极学习认知症应对方法的员工，负担他们的培训费用，帮助提高个人能力。

人性护理法

人性护理法是由法国的伊凡·杰内斯特（Yves Gineste）和萝赛特·马雷史考特（Rosette Marescotti）在医疗实践中，通过不断总结各种失败经验后形成的一种实践性护理方法。该方法以"看、说、触、站"四项技术为护理的四个支柱，将护理视为一个连贯的故事，通过完成五个程序来保障护理沟通的顺利进行。其哲学思想是，护理现场虽然如战场般忙乱，但护理人员的理念和实际行动应保持一致，以技术作为统一的手段，实施恢复人性尊严的护理。人性护理法不限于认知症患者，但尤其对认知症患者效果显著。在日本，该项培训由"日本人性护理法学会"实施。

四个支柱，即有机结合的四项技术：

·看的技术：护理时不要只关注护理对象的身体部位，而要注视患者的眼睛，以传达非语言信息；

·说的技术：护理时不要发出"请别动"等命令，不使用会引起患者不愉快情绪的语言；

·触的技术：护理时避免频繁抓触患者的身体，应实施不抓触的护理；

·站的技术：患者每天累计站立20分钟可以保持

站立机能，因此要尽量让患者步行或保持站姿。

五个程序：

·准备见面：告诉患者自己即将来访，获得进入其领地的许可；

·准备护理：从患者处获得进行护理的同意；

·知觉的链接：实际的护理过程；

·固定感情：护理结束后，与患者一起回顾共同度过的良好时光（护理的时间）；

·约定再会：约定下一次护理的时间并做好准备。

触摸护理法

在1960年代，护理早产儿的护士们每天像母亲般充满慈爱地抚触这些早产儿，结果显示，早产儿的体温更加稳定，体重也有所增加。护士们因此确信了触摸的有效性，并基于经验创立了触摸护理法。这是一种在约10分钟内，按照实践经验得出的顺序，温柔地抚触患者背部和四肢的护理方法。触摸时，皮肤下的触觉感受器会受到刺激，分泌一种名为催产素的激素（男性也会分泌）。催产素扩散到全身，可以有效缓解人的不安和压力。

触摸护理法对幼儿和高龄者非常有效，特别适用于认知症患者。对认知症患者进行持续的触摸护理，可以有效缓解他们的身体和精神症状。但对于那些不喜欢被触摸的患者，该方法则不适用。

延伸阅读

葵照护

葵照护是神奈川县的一家提供介护服务的公司，其经营者加藤忠相是日本最杰出的认知症介护专家之一。加藤毕业于东北福祉大学，毕业后进入了一家特别养护养老院工作，但对特养的工作方式产生了巨大疑问。3年后，他辞职并创立了自己的公司——葵照护，经营小规模多机能型居家介护事业所和集体之家等，开创了"葵照护流"介护，成为社区型养老的先驱者之一。加藤曾出演日本放送协会的纪录片《职业人的作风》，电影《照护人》则改编自他的故事。新冠疫情前，人性护理法的创始人伊凡·杰内斯特也关注葵照护的介护，每次访问日本时都会造访葵照护。

我有幸结识了加藤，并邀请他到我们的养老院举办了几次讲座。

加藤认为，介护的最终目标是与高龄者建立人际关系和信赖关系。他强调，介护保险的目的是自立支援，仅依靠操作手册无法实现自立支援，介护还需要吸纳社区的力量。

加藤指出，许多人对认知症缺乏了解。认知症有核心症状和周边症状。许多护工往往忽视核心症状，而在看到利用者的周边症状时才进行介护。葵照护的介护理念是，先调整环境和心理状态，花时间倾听高龄者的生活经历、性格和工作背景等，进而建立人际关系和信赖关系，再实施介护。护工应该从心底认识到，这些高龄者并不是"麻烦的老人"，而是因认知症而感到困难的患者。因此，护工需要找出高龄者的具体困难，并创造出让认知症患者不再感到困难的环境。

举个实例。认知症患者K女士独自生活，几年前她家里堆满了垃圾，且长期未洗澡。邻居和民生委员为了帮助她，曾多次上门访问，但都被她赶走。如果普通日托事业所介入，可能会强制性地将她带到日托中心。日托中心的各项日程都是固定的，无法按照她的意愿进行洗澡，而是要求她按照日托的安排来洗澡。如果她拒绝洗澡或表示想回家，日托的记录可能会写上"拒绝洗澡"或"有回家愿望"。在这种情况下，护工可能会为了让她等待，撒谎说"公交车还没来"。这种介护方式实际上是在对利用者进行支配和管理。

那么，葵照护是如何对K女士进行介护的呢？首先，两名护工访问了她的家，第一次在门外，第二次才进入家中。两名护工反复访问她家，逐渐消除了她的戒备心，让她开始倾诉自己的事情。正是这种缓和的过程，让K女士认识并信任了这两名护工。认知症患者在信息收集方面存在困难，但他们的情感记忆仍然存在，因此K女士记住了这两名护工是好人，并认可了她们。

到了这个阶段，护工邀请她参与社区的清扫活动。这时的态度应该是："我们需要你的帮助，能不能帮忙？"清扫活动本身并不是目的，关键是让她觉得："你们需要我帮忙，那我就帮忙吧。"于是，她和护工一起前往葵照护，参与清扫活动。清扫结束后，护工说："出汗了，要不要一起泡澡？"她可能会回应："你这么说，那我们一起泡吧。"就这样，两名护工成功地让她洗了澡。后来，她经常和护工一起处理垃圾，还定期来葵照护。

K女士可能在某个时间点出现了认知症的核心症状，如记忆障碍，因此不知道垃圾回收的时间（在日本，每个地区都有固定的回收时间），也可能存在定向力障碍，所以无法找到大垃圾箱的位置，从而导致了垃圾堆积。最初，邻居等人没有发现她的问题所在，因此感到困惑，把她当作一个患有认知症的麻烦人物，也不知道该如何帮助她，导致K女士陷入孤立无援的境地，症状进一步恶化，形成恶性循环。

加藤谈到他的养老院没有操作手册时，许多人认为是因为葵照护的人才非常了不起才能做到这一点，但加藤强调说，葵照护也是从零开始的，只要有信心，任何人都可以做到。

银木樨和灵境认知症体验

银木樨是千叶县的一家附带服务的高龄者住宅，由Silver Wood公司经营，其经营者下河原忠道也是日本最杰出的养老事业经营者之一。

下河原原本在建材公司工作。一位地主打算建造附带服务的高龄者住宅，他希望将建材卖给建设公司，但由于建设公司与打算运营该住宅的事业所之间发生了矛盾，这个计划几乎搁浅。此时，地主建议下河原自己来经营高龄者住宅。于是，他先去参观了国内的高龄者住宅，又前往北欧等地考察。他对北欧模式感到震惊。在日本，护工管理入住者，而在欧洲，入住者可以自由享受生活。于是，他决定，不要建造一个"设施"，而是要为入住者创造一个能够安逸生活的"家"。

他建造了一座设计、装修和家具都很讲究的高龄者住宅，里面挂着绘画，摆放着美术品。开业后不久，该住宅很快就住满了人。其中有一对80多岁的夫妻，丈夫患有认知症，妻子则患有晚期癌症。起初，下河原担心丈夫会四处徘徊，因此锁上了玄关的门。但几天后，丈夫因为出不去，试图从二楼跳下，引发了一场骚乱。下河原深刻地意识到，他们实际上也在管理入住者。之后，银木樨不再锁门，允许入住者自由出入，护工则陪伴那些想外出的高龄者。

这位患癌的妻子曾是护士，她拒绝治疗，决定在银木樨迎接自然死亡。她对下河原说："我会教给你人是怎么死的。"下河原因此第一次体验了临终关怀。此后，他也接纳了希望在银木樨度过临终时光的高龄者。

有一次，他听到入住者说"没事做，很无聊"，于是他在高龄者住宅内开设了零食店，为入住者提供工作机会（当然会支付工资）。入住者有了工作后，变得更加活跃。2019年，他在新开设的高龄者住宅内开设了餐馆，这是一种"附带工作的高龄者住宅"，为入住者提供更多的工作机会。

他不仅是银木樨的经营者。为了改变人们对认知症的偏见和误解，他还与几位认知症患者一起开发了利用虚拟现实（Virtual Reality, VR）技术模拟认知症体验的内容，并在全国范围内举办认知症体验会。

我参加过一次他们的体验活动，亲身体会到认知症患者视野狭窄等感受，觉得这次体验非常有帮助。因此，我们养老院从他的公司借来了VR设备，举办了自己的体验会，让护工们更深入地了解认知症，提高他们为认知症患者服务的能力。

下河原极富挑战精神，他现在正在研究新型轮椅等新的介护用具。我期待他能够开发出更符合我理想中的"安全、安心、安逸"的介护科技。

外国护工

由于护工短缺的现象日益严重,日本政府已经向外国人开放了介护劳动市场,目前的居留资格有四种:EPA 介护福祉士及 EPA 介护福祉士候补者(通常被称为 EPA 外国人)、在留资格"介护"、技能实习(所谓的研修生)和特定技能。此外,永住者和日本人的配偶在工作上没有限制,也可以从事介护工作;而在校学习介护的留学生则不能从事正式工作。

截至 2023 年 8 月 1 日,拥有 EPA 外国人资格的共计 2887 人,其中介护福祉士 822 人(国际厚生事业团);截至 2022 年 12 月,拥有在留资格"介护"资格的共计 6284 人(入管厅);截至 2022 年 6 月,拥有技能实习资格的共计 15011 人(入管厅);截至 2023 年 5 月,拥有特定技能资格的共计 21152 人(入管厅)。

为了推动更多机构雇用外国护工,日本政府设立了若干补贴制度,用于雇用外国护工及支持外国护工学习日语。符合条件的养老机构可以申请这些补贴。

EPA 介护福祉士及 EPA 介护福祉士候补者

2008年，日本政府与印度尼西亚政府签署了经济合作协定（EPA），启动了 EPA 介护福祉士制度，向印尼人开放了介护劳动市场。随后，日本又与菲律宾和越南签署了类似的协议。截至2024年3月，来自这三个国家的"EPA 介护福祉士候补者"可以在日本工作，居留期限为4年。如果他们通过了介护福祉士的国家考试，就可以成为"EPA 介护福祉士"，且没有居留期限。日本政府要求 EPA 外国人的工资应与日本员工相等。该制度的目的是培养外国介护福祉士，增强两国之间的经济合作，以便他们回国后成为本国养老行业的骨干。讽刺的是，厚生劳动省的资料中特意注明，该制度并非为应对劳动力不足。

国际厚生事业团代表日本政府处理 EPA 相关事务。作为国家事业，国际厚生事业团向养老机构收取的 EPA 中介及管理费用不高，约为4年90万日元。养老机构负责培养 EPA 介护福祉士候补者，政府对此有严格要求，机构必须具备与介护福祉士培养机构相同的培训体系，并制订针对介护福祉士国家考试的培训计划。

这三个国家的人力资源政府机构负责招募候补者，要求候补者必须持有本国的护士资格。候补者被选拔后，先在本国学习半年的日语，同时与日本的养老机构进行双向选择。意向达成后，国际厚生事业团、本国的政府机构、养老机构和候补者签署四方合同。候补者来日本后，再学习半年的日语，然后前往签约的养老机构开始工作。

养老机构需要为他们安排住宿，费用可由EPA外国人承担一部分。还需为他们提供生活支持，确保他们的生活环境准备到位。

他们一边在养老机构工作，一边学习介护，第四年参加介护福祉士的国家考试。通过考试后，他们便成为"EPA介护福祉士"，可以继续在日本从事介护工作，无期限。对于起初未能通过考试的人，原本是必须回国的，后来由于日本护工短缺问题严重，这些人若满足条件，可以以"特定技能（介护）"的身份留在日本。

由于政府对接受EPA介护福祉士候补者的养老机构要求较高，加之候补者本身具有本国的护士资格，因此他们被视为相对高级的外国护工。

在留资格"介护"

拥有介护福祉士国家资格的外国人可以通过从事特定的养老工作获得"介护签证"。这主要适用于那些在此前居住日本时获得介护福祉士资格的人，或是在技能实习或特定技能签证期间获得介护福祉士资格的人。

培养学校的留学生在 2 月参加国家考试，合格后可凭合格证书进行登记并申请介护福祉士证书。由于 3 月毕业时尚未领取资格证书，政府规定他们可以暂时以"特定活动签证"从事养老工作，待领取介护福祉士证书后，再办理"介护签证"。

截至 2027 年 3 月，培养学校毕业的留学生，如果未通过或未参加国家考试，可在毕业后 5 年内以暂定介护福祉士身份申请特定活动签证。如果在 5 年内通过国家考试并获得正式介护福祉士资格，他们可以办理"介护签证"。

目前，为了确保介护人才，养老机构需要为介护留学生提供奖学金，条件是毕业后在该养老机构工作 3 年等。各地方政府也在推动这一奖学金制度，并为养老机构提供补贴。选择这一途径的外国介护留学生人数正在逐渐增加。

技能实习

2017 年，日本政府将介护领域开放给中国和东南亚、南亚的 16 个国家的技能实习生，也称为研修生。其目的是"转移技能，而非确保劳动力"。因此，厚生劳动省强调，不应让人产生单纯劳动力的印象，并要求与日本员工同等待遇，确保介护服务的质量，不让利用者感到不安。

尽管政府要求与日本员工同等待遇，但一些不良企业仍对技能实习生施以恶劣待遇；实习生在来到日本之前，通过国内中介找工作，往往支付了高额中介费，有些人甚至为此借了钱。此外，不少技能实习生逃跑，成为非法居留者，这导致了各种问题的层出不穷。技能实习制度因此被称为"现代奴隶制"，受到了国际社会和国内舆论的批评。2024年6月，日本政府决定废除技能实习制度，计划最早于2026年，目标为2027年，开始实施新的"育成就劳"制度。截至2024年7月，育成就劳的具体方案尚未出台。下面先介绍现行的介护技能实习制度，再简要介绍目前发布的育成就劳制度概要及特定技能介护制度。

希望成为技能实习生的外国人需要在本国通过中介找到实习的养老机构，即"实习实施者"。有些国家的中介机构是政府机构，有些则是民办机构，各国情况不同，这些机构统称为"送出机关"。在日本，专门管理技能实习生的民营"监理团体（管理团体）"负责监督管理。养老事业所以实习实施者的身份通过管理团体招聘实习生，招聘时需要准备技能实习计划。

管理团体通过中介安排实习生，实习生在实习实施者处实习，管理团体进行监督。劳动法保护技能实习生的权益。管理团体和实习实施者若满足厚生劳动省指定的要求，将被认定为"优良"级别。

假设实习为期 3 年，月工资为 20 万日元，实习实施者需要准备 900 万日元，平均每年 300 万日元。初期费用约为 50 万日元，包括介绍费、研修费等。实习生来日本的机票费用另计。宿舍由实习实施者准备，若租房需支付押金、家具费用等，实习生需承担部分住宿费和水电煤气费。每月费用除支付实习生工资外，还包括支付给管理团体的约 3 万日元管理费，以及支付给送出机关的约 1 万日元费用。实习生来日前还需向送出机关支付费用，根据出入国管理厅 2022 年实施的调查，平均费用为 54 万多日元，其中中国的费用为 59 万多日元。

技能实习的基本条件包括，年龄在 18 岁以上，有同等业务经验或特殊情况，且未曾参加过相同级别的技能实习。同等业务经验是指需要符合以下任一条件者：在本国的养老机构有工作经验，或持有本国护士或护工资格。特殊情况是指需要符合以下任一条件者：在本国教育机构接受过 6 个月或 320 小时以上的介护培训。

外国护工在日本起到了积极作用，缓解了本土护工的短缺问题；一些日本员工看到外国护工对高龄者的态度以及在异国他乡努力工作的精神，会反思自己对高龄者的态度，进而激励自己；外国护工的到来也促进了工作场所的多样性。通常来说，来自中国的实习生认真勤奋，且由于懂汉字，语言障碍较少，因此优秀人才较多，很受欢迎。

然而，从实习实施者（养老机构）的角度来看，也存在一些负面因素。尽管技能实习的理念是好的，但实际上机构确实需要员工，虽然国际交流是因素之一，但主要目的是确保劳动力。此外，手续和报告等事务增加了工作量。除了在岗位上实习外，机构还需为实习生在日本的生活提供支持，例如准备宿舍，协助办理银行开户、购物，有时还需带他们参加娱乐活动或旅游等。有时，实习生宿舍附近的居民会投诉，称夜里吵闹、烹饪时味道太重、随意丢垃圾等，事务员或管理人员还需负责解决这些问题。

技能实习生在日本实习几年后就要回国，如果他们能升级为特定技能等资格，留在岗位上自然较好，但如果他们回国，机构花费大量资源培养实习生却失去了他们，这会让人感到不值。此外，外国实习生的日语能力有限，这意味着他们的工作内容也有限，但日本政府要求与日本人同等待遇，这引发了一些日本护工的不满。

技能实习的初衷是通过国际合作，让外国人才在日本接受技能培训，实习结束后将知识和技术带回本国。然而，在许多情况下，技能实习生却从事着单纯的劳动，沦为廉价劳动力。技能实习机构逐渐失去其应有的功能，无法有效保护实习生，反而往往偏袒实习实施者，长期的不当管理导致技能实习制度有了"现代奴隶制"的污名，受到国际社会和国内舆论的批评。

育成就劳制度

2024年6月，日本国会通过了《出入国管理法》的修正案，正式决定废除技能实习制度，创设育成就劳制度。

育成就劳制度的目的是为每位就劳外国人制订育成计划，有计划地将其培养至特定技能1号的技能水平，使他们能够顺利转为更高级的特定技能资格。同时，该制度旨在为缺乏人才的行业培养能够长期工作的外国人才。

技能实习的监理团体将更名为"监理支援机关"，在向政府申请时必须设立外部监察人。

关于外国护工的接纳，原则上只接受与日本签署合作备忘录的国家的护工。此外，现行技能实习制度下，实习生在来日前往往支付了不正当且高额的中介费，因此在育成就劳制度下，会将中介费用透明化，并制定适当的费用规定。

技能实习机构将改组为"外国人育成就劳机构"，政府将强化对实习实施者的监督指导功能，以及对外国人的支援和保护功能。同时，该机构还将承担特定技能外国人的资讯和支援业务。

育成就劳期间为3年，并对日语能力有一定要求。外国人在就劳前必须通过日语考试N5，或在认定的日语教育机构参加相关培训。完成1年育成期后，需通过

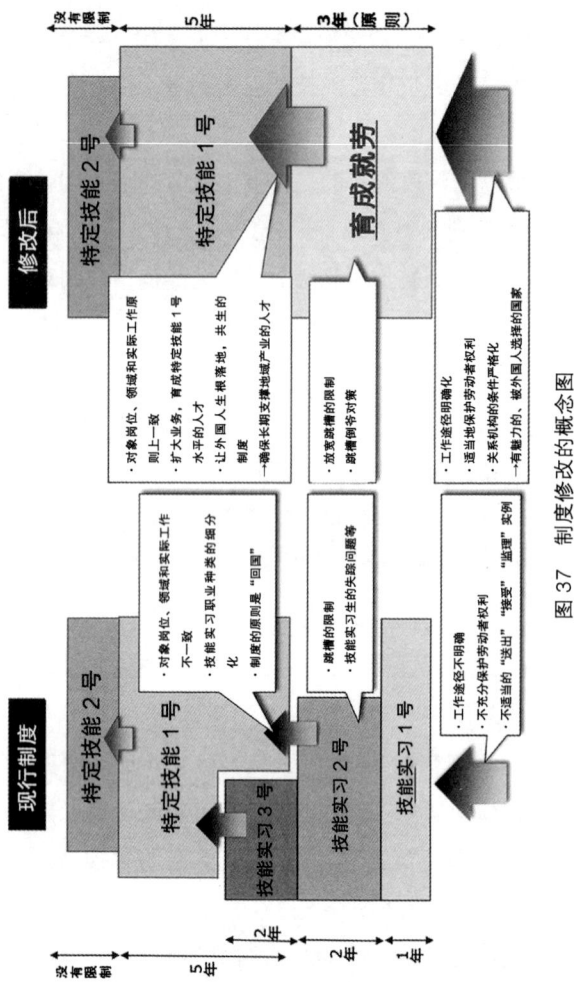

图 37 制度修改的概念图

日语考试 N5 和技能检定基础考试。

完成 3 年育成期后，若要转换为特定技能资格，必须事先通过日语考试和介护技能评价考试。与技能实习不同，育成就劳制度没有实务途径，只有通过相关考试才能转换为特定技能资格。

在现行制度下，如果在修正案实施的 3 个月前取得"在留资格认定证明书"，仍然可以以技能实习生身份入境，但居留期间最长为 3 年，即技能实习 2 号的期限。

特定技能介护

特定技能制度是为了接纳具备专业性和技能的外国人而设立的，共分为 1 号和 2 号两种。截至 2024 年 7 月，特定技能介护仅适用于 1 号，工作期限最长为 5 年。养老机构可以直接雇用特定技能者（目前阶段不包括访问介护，但将来可能开放），但特定技能者的数量不能超过日本护工的人数。特定技能者的工作内容包括身体介护及相关的周边业务，如入浴、进食、排泄等身体介护、辅助机能训练以及组织娱乐活动。特定技能者享有工作选择的自由，可以跳槽。一般情况下，特定技能者和养老机构通过"送出机关"和"登录支援机关"进行双向选择。

凡是年满 17 岁以上（印度尼西亚 18 岁以上）且通过以下三项考试，并获得养老机构证明的人，都可以申请特定技能介护签证。介护技能评价考试：介护基础、心理与身体结构、沟通技术、生活支持技术；国际交流基金日语基础考试（或 JLPT 日语考试 N4 及以上）。

介护日语评价考试。截至 2024 年 4 月，这些考试在日本、泰国、越南、柬埔寨、菲律宾等国家举行，但不在中国举行。因此，中国申请者需前往日本或东南亚参加考试。考试可选择日语、中文、英文等语言。

日本的介护福祉养成学校毕业生免除考试；技能实习 2 号以优秀成绩修完者免除介护技能评价考试和国际交流基金日语基础考试，优秀成绩指通过专门级考试（又称"随时 3 级"）；EPA 介护福祉士候补者修完但未通过国家考试者亦免除考试。

特定技能者的初期费用为 30 万—40 万日元，支付给送出机关的费用为 20 万—60 万日元，具体金额依各送出国的规定而异。关于住宿问题，特定技能者在自行寻找房屋并与房东签订合同时，机构需提供帮助。所有费用由特定技能者自行承担。若养老机构代为签订合同，房租可由特定技能者承担，但押金等费用需由机构承担。来日本的机票费用可由养老机构或特定技能者本人承担，具体视合同而定。每月还需向登录支援机构支付 3 万—4 万日元的支援委托费用。居留资格每年需

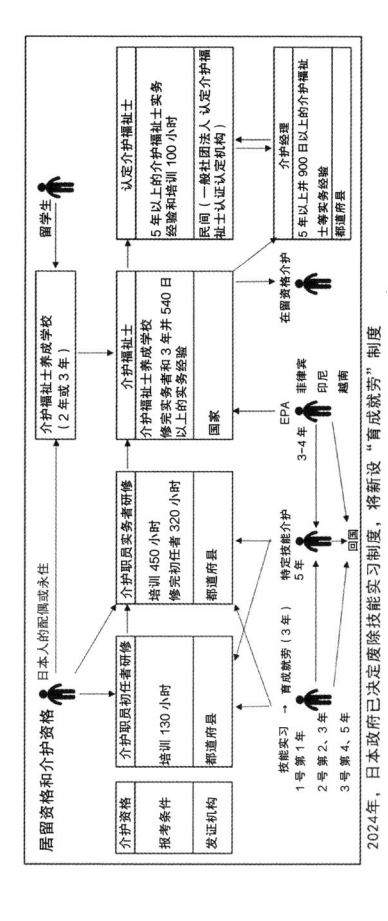

图 38 外国护工居留资格和途径

外国护工　　　　227

更新一次，相关费用约为 6 万日元。

尽管事务处理较为烦琐，还需提供生活援助，但这一过程对于确保外国护工顺利工作和生活至关重要。

延伸阅读

与外国护工共事

我担任院长后，于2016年雇用了第一批来自印度尼西亚的EPA介护福祉士候补者。我之前在马来西亚工作过，偶尔也会出差前往印尼，因此我对马来人和印尼人有一定的了解。基于此，我从印尼、菲律宾和越南三国中选择了印尼。第一批我雇用了两个人。为了建立外国人能够在我们养老院工作的体系，我在招聘时明确写了"一起创造外国人能够工作的养老院"。

结果，我与两名男士达成了双向选择。一个非常认真（称为R），一个非常开朗（称为K），他们各有所长。

许多日本护工是第一次与外国人一起工作，但很快接受了这两位外国同事，尤其是在看到他们和蔼可亲的态度、在异国认真工作学习的精神以及对长者的敬意后。两位外国护工也迅速融入了日本护工团队。虽然不可避免地遇到了一些沟通上的困难，但他们很快成了不可或缺的人才。

3年的时间稍纵即逝，2020年2月，他们参加了介护福祉士国家考试，R顺利通过，并继续留在我们养老院工作。这对我们来说是一件非常好的事，因为R是我们养老院所在市内第一个获得介护福祉士资格的EPA外国人，整个县内也没几个人。因此，市政府的福祉部门与我联系，表示市长希望见见R。于是，在R领取介护福祉士证书后，我带他前往市政厅拜访了市长。

然而，开朗的K未能通过考试。他也没有选择转为特定技能身份继续工作，而是选择回国。有一位与他年龄相仿的日本男护工与他关系非常好，一直照顾他，下班后也经常一起出去玩。所以当K回国时，这位日本同事非常难过（也许是因为K太贪玩了，所以没能合格）。虽然政府表示EPA的目的并不是填补劳动力的缺口，但对我们来说，培养了4年的K也是一位珍贵的员工，他选择回国确实让人感到惋惜。

此外，我还曾雇用一位中国特定技能者，她在中国拥有护士资格，并且在加入我们养老院时，已经通过了

图39　射水市市长、印尼员工R和本书作者川口彰俊

日语 N1 水平考试。她在工作中表现得非常能干，极为优秀，得到了入住者和其他员工的喜爱。然而，她工作不到 1 年就参加了日本的护士国家考试，并一次性通过。拿到护士证书后，她表示想去医院工作，于是辞职了。因此，我感觉选择过于优秀的人才也有可能不利，因为他们可能很难长期留在介护行业。

结语　日本养老前瞻

停在我指尖

1993年，富山红十字医院的3位护士创立了富山县首个民间看护日托中心"停在我指尖"（名字取自童谣中的一句："蜻蜓蜻蜓，停在我指尖"）。她们的理想是在家庭氛围的环境下，利用民宅提供小规模的居家介护服务，接纳各类对象，包括幼儿、残疾儿童、身体残疾人、智力残疾人以及高龄者。刚开始时，由于没有制度上的支持，利用费用一天为3000日元，利用者需要自行承担全部费用，导致费用较高，使用的人不多，机构收入也很少，入不敷出。多亏了来自全国的捐款，她们才得以勉强维持运营。

1997年，富山县开始为她们提供补助金。1999年，她们被指定为非营利法人，受到了全国的高度关注。2000年，介护保险制度实施后，这种模式被纳入了介护保险的"通所介护"中，高龄者可以申请介护报酬。接着，2005年《残疾人自立支援法》实施后，残疾人也可以申请介护报酬。随着制度的变迁，她们始终接纳社区中所有需要介护的人。

由于不限制利用者的范围，高龄者可以与孩子们在一起，照顾孩子对他们来说是最好的机能训练。对于孩子们来说，通过与高龄者共同生活，他们接受了道德教育，并在高龄者临终关怀阶段学会了理解生命的界限。比如，心神丧失的高龄者容易盲目徘徊，但如果每天都看到天真可爱的孩子，他们的心理状态往往会有所改善，言语也变得自然了。

"停在我指尖"是日本"社区共生"模式的先驱。后来，日本政府也开始鼓励这种模式，全国逐渐开设了2100多所富山型日托。现在，养老介护面临着诸多问题，但社区共生模式为我们提供了一个有益的方向。

前文中提到的葵照护和银木樨也体现了某种社区共生的形态。

葵照护位于一个安静的住宅区，原本其介护事业所被围墙围着，给人一种封闭感。后来他们干脆拆除了东边的围墙，意外地收获了积极的变化。东墙外有一条小路，虽然没有人行道，但许多步行者不愿走西边拥堵的国道，而选择从这条小路前往火车站。东墙被拆除后，由于从园内穿过可以更快到达学校，许多小学生开始"非法进入"葵照护的领地，走私家小路去上学，或在下学回家的路上在葵照护的庭院里玩耍。这些孩子与入住者之间产生了不少交流，这对入住者来说是非常好的刺激。后来，成人们也开始利用葵照护的私家小路和庭院，葵照护意外地变成了入住者与社会人士交流的场所，对入住者维持心智十分有益。

银木樨是一家附带服务的高龄者住宅，通常社区居民不会进入，也不知道里面的事业所具体在做什么。经营者想了一个"诡计"，在门外设置了儿童零食（日语称为"驼菓子"）销售点，出售非常便宜的儿童食品，10日元起价，100日元可以买到好几种。他们在门外竖起了"驼菓子"的旗子，一些好奇心强的孩子看到后便进来购买零食，随后又带来其他同伴。渐渐地，去银木樨的孩子越来越多，这里变成了小学生放学后喜欢去玩耍的地方。银木樨号称"附带工作的高龄者住宅"，那些愿意工作的入住者正好可以在这里担任卖零食的店员。即使是认知症患者有时找错了零钱，小孩子们总是和气地纠正："奶奶您算错了，我买了5个10元的，一共50元，给您100元，所以应该找我50元。"这样的交流刺激了老人的大脑活动。

随着孩子们与入住者的接触，情感慢慢培养起来，交流越来越多。孩子们回家后经常跟父母说："今天去银木樨玩耍了。""银木樨是什么？""零食店！银木樨的奶奶算错了，我告诉了她正确的数额。"这样的对话让孩子的父母也对银木樨产生了兴趣，并继而访问银木樨。他们看到入住者照顾孩子的场景，也感到开心和放心。就这样，银木樨也逐渐成为高龄者与外界交流的一个重要场所。

佛子园

石川县白山市的社会福祉法人佛子园的活动也值得一提。理事长雄谷良成在金泽大学教育学部毕业后，加入了政府的青年海外协力队，前往多米尼加共和国支援医院建设。回国后，他成为一名新闻记者，之后进入了他爷爷创办的社会福祉法人工作。他的爷爷是一座寺庙的住持，"二战"后开始照顾残疾儿童，而雄谷本人也是和尚，自幼与这些残疾儿童一起长大。

一座小寺庙的住持圆寂，没有继任者，社区的人找到雄谷，请他帮忙寻找一位新住持，但未能如愿。后来，雄谷与员工和社区居民商量，将寺庙改为社区活动中心，并开设了残疾人和高龄者的日托服务。他们还挖掘了温泉，设立了食堂。这家"西圆寺温泉"向所有人开放，社区居民可以免费使用。这是他们在养老方面的一个高明举措，因为这样一来，社区里的高龄者就会自愿每天来西圆寺泡温泉。如果发现某人几天没有来，工作人员便会上门探访，确认其安危。

佛子园的日托中心有一名重度残疾的孩子，他的脖子活动范围非常有限，只能转动约15度。尽管专家一直为他进行康复训练，但情况并没有改善。后来，一位夜间经常徘徊的认知症老奶奶开始利用西圆寺的日托服务，她看到这个残疾孩子后，主动开始照顾他。有一天，雄谷看到老奶奶正在喂这个孩子果冻，但由于孩子的脖子无法转动，果冻从勺子上掉了下来。此后，老奶奶每天尝试喂他果冻，但每次都以失败告终。大约一周后，老奶奶终于成功地将果冻喂进了孩子的嘴里。雄谷感到非常惊讶，仔细观察后发现，孩子为了接住果冻，努力尝试移动脖子，结果脖子的活动范围竟然有所增加。两三周后，老奶奶已经可以顺利地喂他果冻了。

令人惊讶的不仅仅是孩子脖子的好转。老奶奶的女儿告诉雄谷："母亲夜间徘徊的次数大大减少了，谢谢您。"雄谷感到很奇怪，便询问了原因。女儿解释道："因为母亲觉得，如果她不去西圆寺，不喂那个残疾孩子，他会饿死。"所以她每天早早起床准备去西圆寺，为了能够早起，夜间也愿意好好睡觉，徘徊的次数自然减少了（西圆寺当然对残疾孩子进行进食介护，但对于老奶奶来说，妄想自己是不可替代的重要角色未必不是一件好事）。

雄谷对此深感震惊，福祉专家未能改善的残疾儿童的脖子问题和老奶奶的夜间徘徊，竟在这两个人的接触中不知不觉得到了改善。这表明，当事者本身其实蕴含着改善的潜力，因此福祉工作只需为残疾人、健康人、高龄者、儿童、男性、女性、本地人、外国人提供"混淆"的场所即可，而福祉专家则应在必要时提供相应的支持。

西圆寺所在的社区位于乡下田地中，最初只有55户居民，6年后增加到了69户。因为年轻人觉得以西圆寺为中心的社区非常安逸，有些人独立后不再搬去金泽等大城市，而是在社区里盖房子定居下来。也有一些人认同西圆寺的模式，从其他地方搬迁而来。在日本的农村，年轻人口外流是再普遍不过的现象，而这种户数的增长实在是罕见。

后来，他们还在石川县开设了白川市的行善寺温泉、金泽市的Share金泽、轮岛市的轮岛Kabulet等以温泉为主的社区中心。现在，佛子园已成为日本数一数二的福祉事业机构。

雄谷还说，以前残疾人、高龄者等都住在社区里，但有了"福祉"后，残疾人去了专门的事业所，高龄者去了养老院，其他弱者也去了对应的机构。社区里的弱者似乎消失了，但这并不是一件好事。现在，他们所做的工作是将这些从社区里"消失"的人重新带回社区，创造"混淆"的、对所有人都有益的社区。

箕轮家

箕轮家是神奈川县社会福祉法人爱川舜寿会下属的一家特别养护养老院。理事长马场拓也是日本养老服务业杰出的经营者之一。他曾是日本阿玛尼公司的最佳推销员，后来辞职进入了他父亲创立的爱川舜寿会。

我刚进入养老行业时，在阅读全国老人福祉设施协议会（老施协）发行的杂志时，看到一篇文章：致力于介护发展的国会议员中村博彦去世后，老施协为纪念他，创立了中村博彦奖，颁发给杰出的科学介护实践研究。首届中村博彦奖的获奖者是"箕轮家（神奈川县爱川町）"的研究——《家人不知道那天的事》。他们拍摄了一位入住者的日常生活，记录下家人平时看不到的养老院生活，并在临终关怀后将编辑好的视频送给家人。家人看到她曾经幸福生活的样子，欣慰地感到"入住箕轮家是最好的选择"。获奖理由是，他们的活动为特养的临终关怀指明了方向，良好的日常生活是一切的基础。参加授奖式的是马场拓也，当时他担任经营企划室长。

起初我只是随意翻阅杂志，但偶然看到"神奈川县爱川町"这个地名时，我特别留意，因为我的老家厚木市就在隔壁。仔细阅读后，我对他们的视频产生了浓厚兴趣，便发邮件询问是否可以拜访。他回复说"欢迎"。不久我回老家时便拜访了他。他非常热情，向我展示了题为《家人不知道那天的事》的视频，我深受感动。后来，我邀请他到富山为我们养老院的护工做讲座，并展示视频。马场得知我和他一样，是从其他行业转行进入养老业的人后，更是给予了我很多帮助。

箕轮家是 1992 年开业的老养老院，建筑设计十分典型，高高的围墙将养老院与社区分割开来，社区里的人并不了解养老院的内部情况。2016 年 2 月，马场启动了"缩短特养和社区距离"的项目，召集学生、设计师和护工讨论如何缩短这种距离。经过多次讨论，他们决定拆掉围墙，打造一个"谁都可以进来坐的庭院"。

2016 年 6 月，基本设计完成，施工公司也已选定。7 月，当箕轮家正准备"打碎墙壁"时，震撼全日本的"津久井山百合园事件"发生了。山百合园是残疾人福祉设施，距离箕轮家不远。一个数月前辞职的前员工闯入山百合园，残忍杀害了 19 人，致使 29 人受伤。事件发生后，厚生劳动省通知福祉设施采取措施，建立安全体系，防止外人随便进入设施，并准备防暴钢叉，同时设立了安装监控设施的补助金等。有些箕轮家的员工质疑，在全日本的福祉设施正加强安全措施时，是否还应拆掉围墙？

最终，他们决定继续推进这个项目。8 月，马场带头用铁锤击打围墙。随后，其他人也纷纷挥动锤子。当然，围墙是钢筋水泥结构，仅靠人力无法打破，拍完象征性的照片后，大型机械彻底拆除了围墙。随后，他们开始营造庭院，设置供人们休闲的长椅，并向社区开放。不久，附近的幼儿园老师也带着孩子们来到庭院，那里逐渐成为散步路线，入住者和孩子们之间的交流自然而然地发生了。最终，这里变成了社区的庭院。

马场说，有一次他深夜从外地回来，回家前去了一趟箕轮家。查看庭院时，一名警察过来盘问他深夜在此做什么。他拿出名片，表明自己是这里的常务理事。警察看到名片后，立即转变态度，告诉他说，因为箕轮家是重要的福祉设施，所以他们加强了警戒。虽然被警察盘问，马场却感到十分感动，因为这是拆掉围墙带来的积极效应，社区的人都在守护箕轮家。

爱川舜寿会的发展方向也是社区共生，他们还开设了另外两所福祉设施。一所是厚木市的"上谷户凸凹保育园"，这里既接收普通幼儿也接收残疾幼儿，其理念是每个人都有凸出和凹陷的部分，大家可以用自己的长处来弥补别人的不足。另一所是爱川町的"春日台中心中心"，没错，这名字并没有写错，是"中心中心"。"春日台中心"原本是一家社区超市，是社区居民聚集的地方，但随着时代变迁，大家更喜欢去郊外的大型超市，春日台中心的人气逐渐下降，最终在2016年关闭。爱川舜寿会利用起这家超市，旨在将春日台中心重新打造为春日台的中心，因此取名"春日台中心中心"。这里不仅提供残疾人和养老服务，还设有自助洗衣店、可乐饼店等，供所有人使用，这些都是福祉领域的优秀案例。

在日本，还有许多各类优秀的介护机构，它们以各自的方式默默守护着高龄者和弱者，造福一方。

日本养老前瞻

随着少子高龄化、国家预算不足以及护工严重短缺的情况日益严重，日本介护体系面临着严峻的考验。那么，日本的养老院该如何应对？我认为应该：

确认介护和介护保险的目的：

介护：维持高龄者的生命力，改善他们的生活环境的实践。

介护保险：自立支援、要介护状态的减轻以及防止恶化。

实施：

让利用者和护工双方安全、安心、安逸的介护。

具体的办法是：

福祉用具 × 信息技术 × 介护机器人 + 循证介护 = 科学介护

通过提高主要工作和辅助工作的生产效率来实现人性化介护：

情绪介护 × 科学介护＝介护的典范转移

为利用者创造高质量的居住环境，为护工创造高质量的工作环境。这样，利润自然会随之而来。这是微观的前瞻。

宏观的前瞻则是：

养老介护 × XX

的结合模式，如养老 × 儿童＝老儿结合，养老 × 残疾＝老残结合，以及养老 × 儿童 × 残疾；以及

社区共生

虽然中国和日本的国情不同，但我认为养老 × XX 的模式在中国仍有应用的潜力。希望中国的朋友们

能从本书中找到有参考价值的内容，应用于中国的养老事业，创造让所有利益相关者都能过上幸福生活的环境。

延伸阅读

移动超市"笃志丸"

由于新冠疫情的影响，我在一段时间内无法来到中国。直到2023年10月，我才在时隔4年再次来到中国。疫情后的中国进一步推进了IT化，电子支付的使用极为便利，以至于我一次都没有使用过现金。买东西、点外卖的便捷程度更是让我感到惊叹。相比之下，在日本，尽管新冠疫情期间IT技术有所发展，Apple Pay、Pay Pay等支付方式的使用率逐渐提高，但仍有很多人习惯使用现金，尤其是高龄者。他们也不习惯使用亚马逊、乐天等电商平台，而是更愿意去实体店购物。

2024年元旦，离我家约80公里的能登半岛沿海地区发生了7.6级的特大地震，给能登半岛带来了毁灭性的灾害。我们所在的地区也感受到强烈震动，政府迅速发布了海啸警报，随后海啸袭击了我市的海岸。幸运的是，海啸不太严重，渔港、游艇港以及港内停泊的船只受到了一定程度的损害，但陆地基本上没有问题。然而，随后发生的一件事令我意想不到：一家超市倒闭了。那家超市离海岸很近，也是离我家最近的超市，距离约600米。原本，这是一家乡下的小超市，年轻人更喜欢开车去大型超市购物，而去那家小超市购物的主要是高龄者。为了方便高龄顾客，并维持销售额，这家超市提供免费接送服务。然而，地震后，许多人害怕余震，担心在购物时遭遇海啸，因此小超市的生意一落千丈。本来就经营困难、勉强维持生计的超市因此发生了资金周转问题，最终在1月26日关门大吉。即使之后地震影响逐渐平息，高龄者也面临着无处购物的困境，可以预见"买东西难民"的出现。这家超市倒闭的直接原因是地震和海啸，但更深层次的原因是乡村地区的高龄化。事实上，日本的许多地区已经出现了买东西难民的现象。

这一问题的解决方案是针对买东西难民的移动贩卖。此前，已有蔬菜、水果、海鲜、面包等的移动贩卖车，但通常一辆车只卖单一类别的商品，比如蔬菜贩卖车只卖蔬菜，海鲜贩卖车只卖海鲜。然而，随着超市的兴起，这种移动贩卖逐渐减少。德岛县的住友达也先生看到自己住在山里的母亲成了买东西难民，从中看到了商机，于2012年设立了移动超市"笃志丸"，在一辆车里装载各种食品和日用品，开到乡下进行贩卖。其连锁模式如下：

当地的超市与株式会社笃志丸签订合同，合同金为50万日元。超市作为该地区的商品供应基地，获得品牌使用权、信息、经营知识和技术支持。超市每月向总部支付3万日元的品牌使用费。贩卖伙伴自行购买笃志丸指定的小型贩卖车，价格为370万—400万日元，寒冷地区的车辆稍贵。他们从超市装载商品，商品仍归超市所有，形式上超市委托伙伴进行贩卖。贩卖伙伴驾驶贩卖车到没有超市的地方销售商品，销售地点需得到地主许可，售价为超市售价加20日元。这20日元中的13日元为超市利润，7日元为贩卖伙伴利润。毛利为超市售价的30%，三方分配毛利，总部拿售价的3%，超市拿售价的17%，贩卖伙伴拿售价的10%。贩卖伙伴的平均年收入为530万日元，但需自行支付油费、汽车折旧费、保险、收银机等费用，税前年收入约为400万日元。贩卖伙伴可自行决定工作日和贩卖路线，工作时间越长收入越多，因需要照顾父母等无法全职工作的话，也可以减少工作时间。

这一模式符合买东西难民的需求，发展迅速。根据笃志丸官网，2023年12月，该模式已扩展到日本全国140家超市加入连锁，拥有1150辆贩卖车，平均每辆车服务150位顾客，全国顾客总数达到17.25万人，销售商品包括食品（食材、便当和小菜）和日用品，每辆车平均携带600个品类、1500种商品。

在超过17万名顾客中，大部分是老妇人。笃志丸公司为发挥这些老妇人的"网络"作用，于2023年创刊了一本针对80岁老妇人的纸质杂志《偶数月刊笃志丸》，每两个偶数月出版一期，每本56—64页，售价280日元。

我不知道在IT和电商、外卖高度发达的中国是否有这种移动超市的需求，但他们"在数字化时代反而选择模拟化"的思想和模式未尝不是一种先进。

后　记

在我和妻子凌云共同经营的公众号"川云记"上，我偶尔会发表关于养老现场经验的文章，当时只是简单地想将我的经验分享给中国的养老业界人士。虽然也模糊地想过也许可以专门写一本日本养老方面的书，但是没有具体的想法。

两年前，我去东京参加中国人民大学日本校友会活动时，有幸认识了正在访问东京的杜鹏先生（时任中国人民大学副校长）。他看了我的公众号文章后，觉得我的现场经验很难得，鼓励我继续写作以期结集出版。不久，中国工人出版社的邢璐编辑和凌云联系，问我们要不要写关于日本养老的书。这两件事几乎同时发生，我想是时候与中国再续前缘了。

我与中国的缘分着实不浅。我小时候因为《葫芦娃》的漫画书开始对中国文化感兴趣，高中毕业后便去中国留学，先上语言学校，后考入中国人民大学历史系。本科毕业后回到日本，在进入养老行业前一直被一家日本企业派驻海外工作，也曾派驻厦门，在中国的时间一共 7 年多。当时，在很多中国人热情无私的帮助下，我才得以完成学业、顺利工作，多年后又娶了中国妻子，可以说中国造就了我。所以出版社伸来橄榄枝时，我决定在中国也面临老龄化问题之际，将我的经验总结出来，分享给中国读者。

开始写书后，我也面临了困难。因为日本介护保险和中国长期护理保险的制度设计不一样，专业术语也很多，不知道怎样写才能让中国读者更加容易、准确地理解。我写完后由凌云修改，凌云修改后我再修改，围绕呈现方式，我们经常争论不休。而且 2024 年伊始，能登半岛发生地震，我和凌云回中国避难，耽误了写稿进度，最终在 4 月份才完成初稿。

提交稿子后，邢编辑从编辑和读者的双重视角，给我提出了不少宝贵建议。为了使中国读者容易理解日本的养老制度和我的现场经验，她认真细心地反复修改。因此，我对邢编辑以及中国工人出版社表示衷心的感谢。

曾鼓励我写作的杜鹏先生更是为这本书写了推荐序。没有他就没有这本书，在此我向他致以衷心的感谢。

同时要感谢的还有中国人民大学校友会和校友们。2017 年，人民大学日本校友会邀请我做有关日本介护保险的讲座，我才着手制作中文版的演示资料，它成为这本书最早的种子。此外，写作过程中很多校友给我鼓劲儿，因人数众多，恕不一一列名，但我衷心感谢每一位。

此外，我要感谢我进入养老行业前的上司，现山形印刷（无锡）有限公司的高桥威总经理。他在我辞职后也一直给予我精神上的支持和帮助，而且给予我给中国养老业界人士做讲座的契机。通过多次讲座，我才能不断地更新讲座资料，培育这本书的枝干，并终于在此后杜鹏先生邀请我在人民大学做讲座时，凝结成精华。

最后，我要感谢我的妻子凌云。用中文写书对我来说是很大的挑战，好在有她的不断鞭策和始终支持，以及耐心地修改、润色，我才能够完成这本书。

今天，我的书终于开花结果。如果这本小书能为中国读者和中国的养老事业发展带来一点参考和启发，我将无比欣慰。

川口彰俊

2024 年 12 月 18 日于日本富山

链　接

介护保险制度概要

链接1　16种特定疾病

 1. 癌症（晚期）
 2. 类风湿关节炎
 3. 肌萎缩侧索硬化症
 4. 后纵韧带骨化症
 5. 骨质疏松症引起的骨折
 6. 轻度认知障碍
 7. 进行性核上性麻痹、大脑皮质基底节变性、帕金森病
 8. 脊髓小脑萎缩症
 9. 脊柱管狭窄症
 10. 早衰症（如维尔纳综合征）
 11. 多系统萎缩症
 12. 糖尿病性神经病变、糖尿病肾病、糖尿病性视网膜病
 13. 脑血管病
 14. 动脉粥样硬化性闭塞症
 15. 慢性阻塞性肺疾病
 16. 双侧膝或髋关节重度骨关节炎

链接2　限度额

  "要支援1"为5032单位，"要支援2"为10531单位，"要介护1"为16765单位，"要介护2"为19705单位，"要介护3"为27048单位，"要介护4"为30938单位，"要介护5"为36217单位。例如，最轻的"要支援1"限度额为5032单位，意味着每月可以使用价值50320日元的介护保险服务；最重的"要介护5"限度额为36217单位，意味着每

月可以使用价值362170日元的介护保险服务。超出限度额的部分需100%由个人自行负担。加付保险费仅适用于介护服务费，住宿费、伙食费和杂费则需由利用者自行承担。医疗费用由医疗保险覆盖。

此外，政府还设有"负担限度额"制度。入住短期、特养、老健等机构的利用者，可以根据收入申请住宿费和伙食费的补贴，并获得"介护保险负担限度额认定证"。超过限度额的部分由介护保险承担。每月的限度额为：低保家庭15000日元，免缴税家庭26400日元，年收入383万—770万日元的家庭44400日元，年收入770万以上—1160万日元的家庭93000日元，年收入1160万日元以上的家庭140100日元。有料养老院不适用"负担限度额"制度。

2024年1月的介护保险利用者，65岁及以上的人中有19.2%利用介护保险，日本全部人口的5.7%利用介护保险。91.6%的人自行负担率是10%。

链接3　介护计划表格

居家养老的介护计划由7个表格组成：
1. 居家服务计划书（1）
2. 居家服务计划书（2）
3. 周间服务计划表
4. 服务负责人会议要点
5. 居家介护支援经过
6. 服务使用登记表（兼居家服务计划）
7. 服务使用登记表附表

机构养老的介护计划则由6个表格组成：
1. 设施服务计划书（1）
2. 设施服务计划书（2）
3. 周间服务计划表
4. 日课计划表
5. 服务负责人会议要点
6. 设施介护支援经过

链接4　两个要求

职业途径要求：
1. 完善符合职位、职责和职务内容的任用条件和薪酬体系；
2. 制订职员资质提升计划，展开培训或提供培训机会；

3. 建立根据经验或资格的薪酬增长制度，或根据评估成绩定期提升薪酬的制度。
职业环境等要求：
实施工资以外的改善（如岗位环境的改善等）。

链接 5　加算具体数字

加算 I：职业途径要求 1+2+3+ 职业环境等要求，每位介护职员每月 37000 日元；
加算 II：职业途径要求 1+2+ 职业环境等要求，每位介护职员每月 27000 日元；
加算 III：职业途径要求 1 或 2 或 3+ 职业环境等要求，每位介护职员每月 15000 日元；
加算 IV：职业途径要求 1 或 2 或 3 或职业环境等要求，每位介护职员每月 13500 日元；
加算 V：不符合职业途径要求和职业环境等要求，每位介护职员每月 12000 日元。

介护的资格和职称

链接 1　介护职员初任者培训内容

科目	课时（小时）
职务的理解	6
介护时的尊严和自立支援	9
介护基础	6
介护的福祉服务的理解及与医疗的合作	9
介护时的沟通技术	6
衰老的理解	6
认知症的理解	6
残疾的理解	3
身心的结构和生活支援技术	75
复习	4
合计	130

链接 2 介护职员实务者培训内容

科目	无资格者课时	初任者研修完成者课时
人的尊严和自立	5	-
社会的理解 I	5	-
社会的理解 II	30	30
介护基础 I	10	-
介护基础 II	20	20
沟通技术	20	20
生活支援技术 I	20	-
生活支援技术 II	30	-
成长和衰老的理解 I	10	10
成长和衰老的理解 II	20	20
认知症的理解 I	10	-
认知症的理解 II	20	20
残疾的理解 I	10	-
残疾的理解 II	20	20
身心的结构 I	20	-
身心的结构 II	60	60
介护过程 I	20	-
介护过程 II	25	25
介护过程 III	45	45
医疗护理	50	50
合计	450	320

链接3　介护福祉士考试内容

分类	科目	问题数
人和社会	人的尊严和自立	2
	人际关系和沟通	4
	社会的理解	12
身心的结构	身心的结构	12
	成长和衰老的理解	8
身心的结构	认知症的理解	10
	残疾的理解	10
医疗护理	医疗护理	5
介护	介护基础	10
	沟通技术	6
	生活支援技术	26
	介护过程	8
综合题		12
合计		125

链接4　近年介护福祉士考试合格率

	合格率（%）	参加考试人数	合格者数
2022年度	84.3	79151	66711
2021年度	72.3	83082	60099
2020年度	71.0	84483	59975
2019年度	69.9	84032	58745
2018年度	73.7	94610	69736

链接 5　福祉用具规划师参加培训的条件

1. 在福祉用具租赁或贩卖事业所担任（过）福祉用具专门资讯员；2. 从事（过）福祉用具相关业务的人员，包括保健士、护士、准护士、物理治疗师、职业治疗师、社会福祉士、介护福祉士、义肢装具士、介护支援专门员、建筑师；3. 由协会认可的人员。参加考试时，需要具备两年以上的福祉用具专门员业务或福祉用具相关业务经验。

培训时间为 100.5 小时，其中线上讲座 48 小时，实习和考试 52.5 小时，费用为 4 万—6 万日元。由于福祉用具是确保安全介护的重要因素，这一实践型资格在介护现场非常有用，但遗憾的是，该资格并未与机能训练的加算相关联。

介护保险的服务类型

链接 1　访问介护服务费

（日元/次）

服务内容	时间	单位	服务费	10%自己负担	20%自己负担	30%自己负担
身体介护	20 分及以下	163	1630	163	326	489
	20 分以上 30 分以下	244	2440	244	488	732
	30 分及以上 1 小时以下	387	3870	387	774	1161
	1 小时及以上 1 小时 30 分以下	567	5670	567	1134	1701
	以后 + 每 30 分钟	+82	+820	+82	+164	+246
生活援助	20 分及以上 45 分以下	179	1790	179	358	537
	45 分及以上	220	2200	220	440	660
去医院时的上下车介助（单程）		97	970	97	194	291

注：早上 6—8 点或晚上 6—10 点 +25%，晚上 10 点—早上 6 点 +50%。2024 年 4 月数据。

链接 2　访问入浴介护服务费

（日元/次）

服务内容	单位	服务费	10%自己负担	20%自己负担	30%自己负担
介护预防访问入浴介护	856	8560	856	1712	2568
介护预防访问擦身或部分浴	770	7700	770	1540	2310
访问入浴介护	1266	12660	1266	2532	3798
访问入浴介护擦身或部分浴	1139	11390	1139	2278	3417

注：2024 年 4 月数据。

链接 3　通常型日托服务费

（日元/次）

时间	介护度	单位	服务费	10%自己负担	20%自己负担	30%自己负担
3 小时及以上 4 小时以下	要介护 1	370	3700	370	740	1110
	要介护 2	423	4230	426	846	1269
	要介护 3	479	4790	479	958	1437
	要介护 4	533	5330	533	1066	1599
	要介护 5	588	5880	588	1176	1764
7 小时及以上 8 小时以下	要介护 1	658	6580	658	1316	1974
	要介护 2	777	7770	777	1554	2331
	要介护 3	900	9000	900	1880	2700
	要介护 4	1023	10230	1023	2046	3069
	要介护 5	1148	11480	1148	2296	3444

注：2024 年 4 月数据。

链接 4　并设型短期入住服务费

（日元/次）

介护度	单位	服务费	10%自己负担	20%自己负担	30%自己负担
要支援 1	451	4510	451	902	1353
要支援 2	561	5610	561	1122	1683
要介护 1	603	6030	603	1206	1809
要介护 2	672	6720	672	1344	2016
要介护 3	745	7450	745	1490	2235
要介护 4	815	8150	815	1630	2445
要介护 5	884	8840	884	1768	2652

注：2024年4月数据。

链接 5　"特定机构入住者生活介护"的人员配置标准

·管理者：1人（可兼任）
·生活资讯员：每100位入住者配备1人
·介护·看护职员：每10位要支援者配备1人，每3位要介护者配备1人
※ 夜间班次需至少有1名工作人员
·机能训练指导员：至少配备1人
·计划制订担当者（介护计划的负责人即介护支援专门员）：每100位入住者配备1人以上（可兼任）

　　标准中未要求夜间值班人员，但许多设施为了提高服务质量并确保入住者的安全，仍会安排夜班人员。管理者和介护职员虽无硬性法律资格要求，但养老院通常会要求员工具备如"介护职员初任者"等资格。关于介护服务部分，养老院也可以选择委托外部介护事业所进行，提供身体介护和生活援助。

链接 6　基本报酬

　　介护服务费的基本报酬（当负担率为10%时）：要支援1, 5490日元；要支援2, 9390日元；要介护1, 16260

日元；要介护2，18270日元；要介护3，20370日元；要介护4，22320日元；要介护5，24390日元。

链接7　特养机构的人员配置标准

- 院长：1人
- 医生：必要数
- 生活资讯员：每100名入住者配置1人
- 介护职员和护士（或准护士）：每3名入住者配置1人，其中：
- 护士（或准护士）：入住者少于30人时，至少配置1人；入住者为30—50人，至少配置2人；入住者为51—130人，至少配置3人；入住者超过130人时，配置3人，每增加50人，需要增加1名护士。
- 夜间护士：入住者少于25人时，至少配置1人；入住者为26—60人，至少配置2人；入住者为61—80人，至少配置3人；入住者为81—100人，至少配置3人；超过100人时，需要配置4人，每增加25人，需要增加1名护士。
- 营养师：至少1人
- 机能训练指导员：至少1人
- 厨房人员、事务员及其他职员：必要数

在单元型特养设施中，每个单元的入住者不超过15人，因此每3名入住者需要配置1名工作人员。夜间时，2个单元需要至少配置1名工作人员。每个单元还需要配备一名单元主任。

链接8　特别养护养老院服务费

（日元）

类型	介护度	单位	服务费	10%自己负担（日）	20%自己负担（日）	30%自己负担（日）	10%自己负担（月）	20%自己负担（月）	30%自己负担（月）
本来型	要介护1	589	5890	589	1178	1767	17670	35340	53010
	要介护2	659	6590	659	1318	1977	19770	39540	59310

续表

类型	介护度	单位	服务费	10%自己负担（日）	20%自己负担（日）	30%自己负担（日）	10%自己负担（月）	20%自己负担（月）	30%自己负担（月）
本来型	要介护3	732	7320	732	1464	2196	21960	43920	65880
本来型	要介护4	802	8020	802	1604	2406	24060	48120	72180
本来型	要介护5	871	8710	871	1742	2613	26130	52260	78390
单元型	要介护1	670	6700	670	1340	2010	20100	40200	60300
单元型	要介护2	740	7400	740	1480	2220	22200	44400	66600
单元型	要介护3	815	8150	815	1630	2445	24450	48900	73350
单元型	要介护4	886	8860	886	1772	2658	26580	53160	79740
单元型	要介护5	955	9550	955	1910	2865	28650	57300	85950

注：2024年4月数据。

链接 9　标准费用额

（日元）

		日额 标准费用额	月额 标准费用额
伙食费		1445	43350
住宿费	本来型多床房	855	25650
	本来型单人房	1171	35130
	准单元型	1668	50040
	单元型	2006	60180

注：2021 年 8 月数据。

链接 10　老健人员配置标准

- 院长：1 人，必须为医生，可以兼任医生职务
- 医生：必要数
- 介护职员或护士、准护士：每 3 名入住者配置 1 人
- 生活资讯员：每 100 名入住者配置 1 人
- 营养师：至少 1 人
- 机能训练指导员：至少 1 人
- 介护支援专门员：每 100 名入住者配置 1 人

链接 11　老健服务费

（日元）

类型	介护度	单位	服务费	10%自己负担（日）	20%自己负担（日）	30%自己负担（日）
多床房基本型（1天）	要介护 1	793	7930	793	1586	2379
	要介护 2	843	8430	843	1686	2529
	要介护 3	908	9080	908	1816	2724
	要介护 4	961	9610	961	1922	2883
	要介护 5	1012	10120	1012	2024	3036

续表

类型	介护度	单位	服务费	10%自己负担（日）	20%自己负担（日）	30%自己负担（日）
单元型单人房基本型（1天）	要介护1	802	8020	802	1604	2406
	要介护2	848	8480	848	1696	2544
	要介护3	913	9130	913	1826	2739
	要介护4	968	9680	968	1936	2904
	要介护5	1018	10180	1018	2036	3054

注：2024年4月数据。

链接12 小多机人员配置标准

本体型人员配置标准如下：
- 代表：1人，需要完成认知症应对型服务事业开设者研修
- 管理者：1人，需要完成认知症应对型服务事业管理者研修
- 介护职员（日托）：每3名利用者至少配备1人
- 介护职员（访问）：至少1人，需要具备介护职员初任者以上资格
- 夜勤介护职员：至少1人
- 夜值班"宿勤"：至少1人，负责夜间紧急应对，不从事普通介护工作
- 护士：至少1人
- 介护计划制订担当者：至少1人，其中1人需要为完成小规模多机能型服务计划等制作研修的介护支援专门员

卫星型人员配置标准如下：
- 代表：与本体代表相同
- 管理者：与本体管理者相同，可兼任
- 介护职员（日托）：每3名利用者至少配备1人
- 介护职员（访问）：至少1人，需要具备介护职员初任者以上资格
- 夜勤介护职员：至少1人
- 夜值班"宿勤"：如果能获得本体事业所的支援，可不设此职位
- 护士：如果能获得本体事业所的支援，可不设此职位
- 介护计划制订担当者：至少1人，其中1人需要为完成认知症介护实践者研修的介护支援专门员

链接 13　小规模多机能服务费

（日元）

	介护度	单位	服务费	10%自己负担（日）	20%自己负担（日）	30%自己负担（日）
一般（1个月）	要支援 1	3450	34500	3450	6900	10350
	要支援 2	6972	69720	6972	13944	20916
	要介护 1	10458	104580	10458	20916	31374
	要介护 2	15370	153700	15370	30740	46110
	要介护 3	22359	223590	22359	44718	67077
	要介护 4	24677	246770	24677	49354	74031
	要介护 5	27209	272090	27209	54418	81627
短住（1天）	要支援 1	424	4240	424	848	1272
	要支援 2	531	5310	531	1062	1593
	要介护 1	572	5720	572	1144	1716
	要介护 2	640	6400	640	1280	1920
	要介护 3	709	7090	709	1418	2127
	要介护 4	777	7770	777	1554	2331
	要介护 5	843	8430	843	1686	2529

注：2024 年 4 月数据。

链接 14　集体之家人员配置标准

本体型人员配置标准：
· 代表：1 人，需具备认知症介护经验或医疗福祉经营经验，并完成认知症应对型服务事业开设者研修
· 管理者：1 人，需具备 3 年以上的认知症介护经验，并完成认知症应对型服务事业管理者研修
· 介护职员：每 3 名入住者至少配备 1 人，夜间每个单元至

少配备1人
·介护计划制订担当者：至少1人，其中1人必须为完成认知症介护实践者研修的介护支援专门员

卫星型人员配置标准：
·代表：与本体代表相同
·管理者：与本体管理者相同，可兼任
·介护职员：每3名入住者至少配备1人，夜间每个单元至少配备1人
·介护计划制订担当者：至少1人，需完成认知症介护实践者研修

链接15　集体之家服务费

（日元）

	介护度	单位	服务费	10%自己负担（日）	20%自己负担（日）	30%自己负担（日）	10%自己负担（月）	20%自己负担（月）	30%自己负担（月）
本来型	要支援2	749	7490	749	1498	2247	22470	44940	67410
	要介护1	753	7530	753	1506	2259	22590	45180	67770
	要介护2	788	7880	788	1576	2364	23640	47280	70920
	要介护3	812	8120	812	1624	2436	24360	48720	73080
	要介护4	828	8280	828	1656	2484	24840	49680	74520
	要介护5	845	8450	845	1690	2535	25350	50700	76050

续表

介护度	单位	服务费	10%自己负担（日）	20%自己负担（日）	30%自己负担（日）	10%自己负担（月）	20%自己负担（月）	30%自己负担（月）
2单元以上（1天） 要支援2	777	7770	777	1554	2331			
2单元以上（1天） 要介护1	781	7810	781	1562	2345			
2单元以上（1天） 要介护2	817	8170	817	1634	2451			
2单元以上（1天） 要介护3	841	8410	841	1682	2523			
2单元以上（1天） 要介护4	858	8580	858	1716	2574			
2单元以上（1天） 要介护5	874	8740	874	1748	2622			

注：上述为2单元以上事业所的费用加算标准，若事业所仅有1单元，则费用单位将增加约1.5%。此外，还有各种其他费用的加算。2024年4月数据。